모금, 시공을 초월한 이야기

초판 1쇄 발행 2014년 4월 25일

글쓴이 · 도움과나눔 편저

발행인 · 최영우

발행처 · [주]도움과나눔

        등록 제114-81-91022호

        서울시 영등포구 양평로22길 10 천희빌딩 7층

        Tel. 02-3143-1268

        E-mail. eykim@doumnet.net

공급처 · [주]샘앤북스

        서울시 영등포구 양평로 22길 21 선유도 코오롱디지털타워 914호

        Tel. 02-323-6763 / Fax.02-323-6764

        E-mail. wisdom6763@hanmail.net

도움과나눔 모금 도슨트 시리즈 ❶

모금, 시공을

국 내 외 모 금 과 기 부 의 전 통 과 사 례

초월한 이야기

김지연, 박미정, 배은옥, 서정아, 유가을, 이영동, 이원규, 정지혜

[주]도움과나눔

Contents

모금, 시공을
국내외모금과기부의전통과사례
초월한 이야기

| 들어가는 글 |

 1999년 한국 최초의 인터넷 기부사이트 도움넷(doumnet)으로 시작된 ㈜
도움과나눔이 15년이 되었습니다. 15년간 저희 회사는 비영리모금전문
회사로 자리매김을 했습니다. 사회적필요와 내부의 역량을 고려해서 떠
나 보낸 사업영역도 있었지만 모금관련된 분야에는 지속적으로 기술과
지식을 축적해왔습니다. 기업사회공헌(CSR) 컨설팅, 기부사이트 운영 등
은 전략적 판단으로 퇴출을 결정한 사업 분야였습니다.

 반면에 모금분야에는 15년의 세월 동안 많은 사업영역이 지속적으로
축적되었습니다. 저희가 왕성하게 서비스한 분야는 다음과 같습니다.
1) 거액모금 및 집중거액모금캠페인(Capital Campaign) 2) 전화모금 캠페인,
거리모금 캠페인 3) 비영리 조직의 모금역량을 강화하기 위한 교육과 전
략적 워크숍 4) 모금관리 솔루션인 SmartRaiser를 개발 보급 5) 기부자
개발과 유지를 위한 통합 서비스.

 ㈜도움과나눔의 많은 서비스들은 저희가 고객들의 욕구를 창조한 것
이었습니다. 고객들이 먼저 저희에게 배우고 경험할 수 있는 기회를 제
공한 것들도 많았습니다. 처음부터 저희는 모금에 대한 통합적인 해결
책을 찾기 위해서 구성원들에게 왕성한 학습을 요구해왔습니다. 이제
저희는 회사에 축적된 모금관련 지식을 책의 형태로 공유하기로 결정했

습니다. 이들 중에 많은 것들은 이미 회사 홈페이지를 통해서 공개되기도 했습니다.

㈜도움과나눔의 모금관련 책 시리즈는 '실사구시'라는 명백한 방향을 가지고 기획되었습니다. 크게 두 가지 시리즈로 다양한 책들이 출판될 것입니다. 이 책이 속한 첫 번째 시리즈는 '모금 도슨트 시리즈'입니다. 모금에 관한 다양한 기술과 분야들을 마치 '해설이 있는 미술관람, 음악감상' 처럼 접할 수 있도록 기획한 것입니다. 알고 있으면 유익할 내용들은 다소 가볍게 다소는 전문적으로 전하려는 것이 저희의 의도입니다.

두 번째 시리즈는 모금기술 멘토 시리즈입니다. 한 분야의 모금을 시작부터 끝까지 친절한 멘토처럼 옆에서 설명해주는 안내서입니다.

저희가 조심스럽게 공유하는 이 책들이 현장의 모금전문가들과 입문가들에게 많은 도움이 되기를 바랍니다.

도움과나눔 대표
최 영 우

| 서 론 |

    모금은 자본주의가 발달한 최근에 활성화된 사회적 활동이다. 아예 모금만을 주 목적으로 하는 단체들이 생겨나 활동하는 것이나 모금을 직업으로 하는 사람들(fundraiser)을 어렵지 않게 주변에서 볼 수 있으며, 모금과 관련된 각종 홍보물도 넘쳐 나고 있다.

    하지만 모금이라는 활동은 동서고금을 통해 우리의 삶과 늘 함께 있었다. 아주 오래 전에도 각종 공동체의 문제를 해결하기 위해 공동체 구성원의 자원과 노동력을 모집하였고 그 현상은 동양이나 서양이나 별반 다르지 않았다. 그 전통이 현대 사회까지 이어져 온 지역도 있을 것이며 최근에 들어 폭발적으로 증폭된 곳, 반대로 그 문화가 시들해진 곳도 있다. 이렇듯 모금은 시대와 지역을 넘어서 인류의 삶이 숨 쉬는 곳에서 늘 우리의 이야기이다.

    한편으로는 비영리 영역에 같이 있다 하더라도 세부 분야별로 모금에 대한 이해와 투자 그리고 성숙도는 조금씩 다를 수 있고 그 동안 이어져 온 관행이나 다른 재원의 활용 여부 등에 따라서도 모금 특성은 다를 수밖에 없다. 그렇기에 일반적으로 준용되는 모금 원리와 원칙, 방법을 유사하게 사용하더라도 현장에서 적용되고 드러나는 양상 역시 각각의 개성과 특징을 드러내고 있다. 그렇기에 여러 곳에서 이루어지는 모금 활동을 서로 이해하고 자신의 위치를 파악해 합리적이고 적절한 모금 전략과 방법을 취하는 지혜가 필요하다 하겠다.

이 책에서는 시공을 초월하여 우리 삶에서 볼 수 있는 모금의 동향이나 사례를 다루고 있다. 근대화 시대 이후 이 땅에서 이루어진 모금캠페인, 셈에 관한 한 누구에게도 뒤지지 않는다는 유대인의 특성과 모금과의 관계, 현대 대형 비영리 기관의 모금 현황과 모금 비용의 특징을 정리하고 있으며, 비영리 유형에 따라 Advocacy 단체, 복지단체, 문화예술단체, 대학 별로 모금 특성과 현주소, 방법과 과제를 살펴 보고 있다. 비록 여러 관점과 사례를 종합한 것이 아니기는 하지만 모금에 대한 시간적, 공간적, 영역별 특성을 알아 보고 각자의 현장에서 적용할 수 있는 시사점을 찾아 보기에는 아주 유용할 것이다.

여기 모아 놓은 글들은 최근 몇 년간 ㈜도움과나눔 뉴스레터에 게재된 원고들로, 그 중에서 시대나 민족에 따른 모금이나 기부의 특성, 그리고 비영리 영역별 모금 가이드를 발췌한 것들이다. 10여 년 가까이 발행된 뉴스레터는 이제 그 사명을 다했다는 판단에 따라 최근 중단되었지만 모금과 관련된 여러 테마별로 많은 글을 축적하는 계기를 마련했다. 모금 방법에 대한 가이드는 물론 모금 윤리와 정책, 조직과 인력 운용, 각종 사례 등 아주 다양한 글들이 뉴스레터와 홈페이지의 지식창고를 채웠고

수백 명의 독자가 이미 한두 번씩은 읽어 본 것들이다.

그 중에서도 이 책의 주제와 같이 하는 글들이 그리 많은 편은 아니다. 그러다 보니 10편을 선별하는 데 그쳤고 더 많은 내용을 제공하지 못한 아쉬움이 있다. 특히 여기에 수록한 여러 가지 사례 외에도 우리의 뉴스레터에 자신이 근무하는 기관을 소개하거나 모금 현장 이야기를 전해 준 분들이 계심에도 불구하고 이 책에는 회사의 직원이거나 직원이었던 사람들이 정리한 것 위주로 선별하다보니 죄송하게도 그 노고를 책에는 포함하지 못했다. 다시 한 번 죄송하다는 말씀을 전하고 싶고 언젠가 기회가 되면 충분히 논의하여 다시 책으로 도전할 수 있기를 바란다.

한 가지 더 아쉬운 것은 글들이 쓰여진 시기도 차이가 있고, 담당하던 업무도 다르다 보니 용어나 어휘를 서로 간에 통일하기 어려웠고, 학술적으로 완벽한 논문을 지향한 것이 아니어서 참고문헌이나 인용의 한계도 좀 보인다. 이렇게 부족한 원고들을 책을 내는 과정에서 일부 수정하고 교정하여 보완하기는 했지만 이런 약점이 있다는 점을 감안해 주시기를 바란다.

이 책이 나오기까지 ㈜도움과나눔의 뉴스레터를 통해 원고를 작성한 전현 직원의 노고가 컸다. 바쁜 업무 중에도 시간을 내서 자료를 수집하고 원고로 정리하는 것이 그리 쉽지만은 않았을 것이다. 그 노력이 있었기에 이런 결실로 나타나니 참으로 고마운 일이다.

　그리고 돈이 안될 걸 알면서도 출판에 도움을 주신 [주]샘앤북스 이낙규 대표님, 부족한 원고를 책으로 만들어 주신 물덴의 최장일 실장님께 감사하다. 이 분들의 관여가 없었으면 이 원고들이 책으로 누군가에게 들려진다는 것은 아직도 요원한 꿈으로 남아 있을 것이다. 또한 출판의 실무를 진행한 김은영 팀장, 뉴스레터 원고들을 하나로 묶은 아르바이트생도 수고가 참 많았다.

　아직은 비록 여리고 부족하더라도 비영리에 모금 문화가 정착되고 합리적 모금 관행이 정착되기를 바라는 많은 이들의 땀과 정성이 이 책에 들어 있다. 비영리에 근무하는 분들, 특히 모금 업무에 종사하고 계신 분들에게 많은 도움되길 간절히 바란다.

선유도 초입, 7층 사무실에서

이 원 규

한국 역사 속의
모금이야기[1]

배 은 옥

모금이라는 말의 사전적 의미는 성금이나 기부금 따위를 널리 모으는 것이다. 우리나라에서 모금이나 기부라는 말이 사회적으로 널리 사용되기 시작한 시기는 통상 1990년대부터라고 할 수 있다. 모금이 사회에서 보편적으로 이해되고 이에 대해 관심을 가진 것이 이제 20년 남짓 되었다는 뜻이다. 그러나 사실 우리나라에서는 '누군가와 무엇을 나누'거나 '공동체의 문제를 해결하기 위해서 서로 돕는 행위'에 대한 전통이 그보다 훨씬 오래 전부터 존재해 왔었다.

홍익인간, 널리 인간을 이롭게 하는 생각

1945년 일제로부터 해방을 맞이한 우리나라는 1948년 8월 15일 건국 선언을 통해 대한민국의 건국이념을 '홍익인간'으로 선포한다. 모두 알고 있는 바와 같이 홍익인간(弘益人間) 이라는 말은 '삼국유사'의 단군 신화에 나오되 "옛날 환인의 서자 환웅이 천하에 뜻을 두고 자주 인간세상을 탐내어 찾았다. 아버지가 아들의 뜻을 알고 아래로 삼위태백을 굽어보니 인간을 널리 유익하게 할 수 있었다. 그리하여 천부인 3개를 주어 인간세계로 보내 다스리게 하였다."라는 문장에서 비롯된 것이다.

이러한 홍익인간이라는 이념은 우리나라의 교육 안에도 녹아 들었다. 1949년 12월에 제정된 교육법 제 1조에 "교육은 홍익인간의 이념 아래 모든 국민으로 하여금 인격을 완성하고, 자주적 생활능력과 공민으로서의 자질을 구유하게 하여, 민주국가 발전에 봉사하며 인류 공영의 이상 실현에 기여하게 함을 목적으로 한다"고 교육의 근본 이념으로 '홍익인간'을 천명하기도 하였다.

근본적으로 우리 민족은 건국 때부터 나 자신만을 위함이 아닌, 타인을 생각하고 타인을 이롭게 하는 것에 대해 생각하고 더불어 이롭게 사는 것을 고민할 줄 아는 민족이었던 것이다. 이러한 정신 속에서 누군가를 돕거나, 돕기 위해 모으는 것은 너무나 자연스러운 일이 되었다.

화폐 나눔 이전, 노동을 모으고 노동으로 돕다.

'모금'(또는 기부)이라는 것이 지금은 현금이나 현물의 형태로 이루어지지만 조선 중기까지만 하더라도 누군가를 돕는다고 하는 것이 꼭 현금이나 현물을 전달하는 것만을 의미하지는 않았다. 전통적으로 농경사회인 우리나라의 경우 '노동 나눔'은 현금이나 현물의 나눔과는 다른 매우 특별한 의미를 가지는 것이다. 대부분의 경우 우리 조상들은 '노동력'을 모으고, 그것을 필요한 곳에서 나누면서 자연스럽게 공동체성을 익혔고 그 안에서 서로 돕고 보살피는 상부상조의 문화를 지속적으로 만들어 낼 수 있었다.

품앗이와 계:

'품'은 일을 하는 것을, '앗이'는 서로 바꾼다는 의미로 힘든 일을 서로 거들어 노동을 교환하는 행위를 품앗이라고 한다. 이것은 노동과 임금을 교환하지 않던 우리 민족 고유의 1:1 교환 노동 관습이라고 할 수 있다. 남자들은 주로 파종이나 밭갈이, 논갈이, 모내기, 가래질, 논매기, 지붕 잇기, 집 짓기, 염전의 소금일, 제방 쌓기 등이, 여자들은 큰 일에 음식 장만을 하거나 옷을 만드는 것 등이 품앗이의 내용이었는데 비교적 간단한 노동일에 서로 참여하는 것으로 광범위하게 활용되었다. 이러한 교환 노동은 서로 간의 높은 신뢰를 전제로 하고 있기 때문에 개별 노동의 실제 가치를 별도로 따지지 않고 참여자의 각개 상황을 충분히 인정하면서 이루어졌다.

'계'는 주로 구성원 간에 경제적인 도움을 주고 받거나 친목을 꾀하기 위해 만든 협동 조직을 말한다. 생산이나 공동구매를 위해, 마을의 공공 비용을 마련하기 위해, 친교와 오락을 위해 여러 종류의 계가 조직되고 운영되었다. 옛날의 초, 중등 교육기관인 서당의 설립과 운영을 위해서 계가 조직되기도 하였다.

품앗이와 계의 기원이 언제인지 정확한 기록은 없으나 삼국시대 이전부터 있었던 것으로 보여지며 시대에 따라서 규모나 내용이 조금씩 변화한 것으로 여겨진다.

두레:

품앗이가 노동 교환 자체를 의미하는 것이라면 두레는 농촌에서 농사일을 공동으로 하는 것 또는 이를 위하여 마을부락 단위로 둔 조직을 말한다. '삼국사기'에는 유리이사금 9년(서기 32년)에 신라의 왕이 왕녀 두 사람으로 하여금 각 마을의 부녀자들을 거느리어 편을 짜고 길쌈을 해 그 성과를 살폈다는 기록이 있다. 이를 통해서 삼국시대 이전부터 마을 사람들이 공동으로 작업을 하는 두레가 있었고, 남자뿐만 아니라 여자들 사이에도 두레가 존재하였던 것으로 짐작해 볼 수 있겠다. 조선 후기에 이앙법이 보편화 되면서 두레도 함께 정착되었는데 일제 강점기 때는 자영농이 감소하면서 점차 사라지게 되었다.

두레는 주로 마을 단위로 조직이 되었으며, '상호부조', '공동오락', '협동노동' 등을 목적으로 하였다. 두레는 마을의 모든 농민이 그 마을의 경작지에 대해 자타의 구별 없이 일제히 조직적으로 집단 작업을 하는 조직이며, 각 집의 경지면적과 노동력에 따라서 나중에 임금을 결산하여 주고 받는 공동노동의 형태였다. 이것이 오늘날에는 농촌에서 여러 가지 형태의 민간 협동체를 파생시키는 원형이라 할 수 있다.

민족적 어려움의 해결을 위해 시작된 '모금'

'나눔'의 역사 속에서 본격적으로 유의미한 국가적 '모금' 사례를 찾으라고 한다면 아래의 두 건을 들 수 있을 것이다.

국채보상운동:

일본은 1894년 청일전쟁 때부터 대한제국에 적극적으로 차관공여를 제기하였다. 결국 1904년 1차 한일협약 이후 우리나라는 총 4회에 걸쳐 원금과 이자를 포함하여 1300만원(현시세로 1조 이상)의 빚을 일본에 지게 된다. 이것은 우리 정부와 민간의 경제적 독립에 심각한 위협을 가하는 것이었는데 이 때 민간에서부터 일본 차관의 굴레에서 벗어나려는 운동이 전개되었다. 국채보상운동은 말 그대로 나라의 빚을 갚고자 하여 민간에서 시작한 범국민적 모금 운동이었다.

1907년 2월 대구 광문사 사장 김광제와 부사장 서상돈이 단연(담배를 금함)을 통해 국채를 갚아나가자는 논지의 운동을 제창하였다. 당시 광문사는 지식인과 민족 자산가로 구성되어 주로 실학자들의 저술을 편찬하고 신학문을 도입하여 민족의 자강 의식을 고취하고 있던 출판사였으며 서상돈은 일찍이 독립협회 회원과 만민공동회 간부로서 자주독립 운동에 참여해 온 인사였다고 한다.

이들의 이러한 주장과 시도는 전 국민적인 호응을 얻어 당시 유림이나 지방의 아전, 현직 관리 뿐만 아니라 상민들과 부녀자, 노동자, 인력거꾼과 심지어 기생, 백정에 이르기까지 조선의 전국민이 나라를 생각하는 마음으로 십시일반 참여한 범국민적 모금 운동이었다.

국채보상운동은 주요 핵심 인사에 대한 구속과 같은 일본의 탄압 때문에 이 운동이 목표하였던 최종 금액을 모금하는 것에는 실패하였으나 국권 회복을 위한 적극적인 노력이 민간으로부터 비롯되었다는 역사적 의의는 매우 크다고 할 수 있을 것이다.

금 모으기 운동:

우리나라에 재정적인 위기가 찾아 온 것은 국채보상운동이 있고 나서 90년 후인 1997년 12월이었다. 우리나라가 외환위기(엄밀히 국가부도 위기)를 겪으며 IMF(국제통화기금)과 자금 지원 양해 각서를 체결했다는 소식이 전해지면서 전국이 술렁거리기 시작했다. 이 국가적 위기 상황에서 가장 먼저 문제 해결을 위해 적극적으로 나선 것은 이번에도 역시 '국민'이었다.

금 모으기 운동의 최초 제안자가 누구인지에 대해서는 몇 가지 의견이 있으나 일반적으로는 당시 서울지검의 부장 검사로 재직 중이던 이종왕씨가 최초로 제안을 했으며 1997년 12월 1일부터 본격적인 모금 운동이 시작되었다고 전해진다. 이후 1998년 주택은행과 대우가 '나라사랑 금 모으기 운동'을 펼치면서 전국적으로 금 모으기 열풍이 일어났다.

각 언론사와 시중 은행에는 각양각색의 사연을 가진 '금'들이 답지하기 시작했고 이렇게 해서 1998년 4월까지 약 5개월 동안 모은 금은 무려 2백 27톤 이나 되었다. 전국적으로 참여한 시민의 수가 3백 51만명 이었으니, 4가구 당 1가구 꼴로 평균 65g의 금을 내놓은 셈이다. 이 때 모은 금을 수출해서 번 돈은 22억 달러로 이는 IMF차관으로 빌린 210억 달러의 약 10%에 해당되는 액수다.

결과적으로 금 모으기 운동은 다른 어떤 나라들 보다 우리나라가 빠르게 IMF금융위기를 빠져 나올 수 있도록 하는 계기가 되었고, 국민들의 자발적인 금 모으기 참여는 전 세계에 모범적 모금 사례로 소개되기도 하였다.

더 뿌리 깊은 모금 문화가 되기 위해서는

이상과 같이 우리나라 역사 속의 모금에 대해서 알아보았다. 우리나라에는 공동체의 유익을 추구하고자 하는 정신 또는 정서가 오랫동안 전통으로 이어져 오고 있다. 이러한 정신은 또 우리 민족이 내부적으로 어려움을 겪을 때 국민적 모금 운동과 같은 실제 행동으로 나타나기도 했다.

모금이라는 것이 단순히 얼마의 돈을 보태거나 모으는 행위가 아니라 내가 아닌 타인의 문제를 함께 해결하고자 하는 적극적인 관심과 의지의 표현이라고 볼 때 모금은 앞으로도 계속 장려되어야 마땅할 것이다. 어떻게 하면 이러한 정신과 실천의 역사가 어느 한 때에 국한되지 않고 더 자주, 더 적극적으로 지금 우리가 속한 국가 공동체, 지역 공동체 안에서 나타나도록 할 수 있을 것인가? 생활 속에서 더 자주 우리를 모금(기부)과 관련된 곳에 노출시키는 연습이 필요하다. 자투리 동전 모으기부터, 주말이나 휴일을 빌어서 도움을 필요로 하는 곳으로 자원봉사를 나가는 일까지 작게 시작할 수 있는 일이 얼마든지 있다. 여러 사람들이 함께하는 작은 시작이 곧 우리가 살고 있는 사회와 시대를 흔드는 거대한 파문이 될 것이고 위기의 순간에 우리 민족을 견인하는 현실적 단초가 될 것이다.

〈참고자료〉

국채보상운동기념사업회 홈페이지

대전일보 - 2009년 3월 5일자

매일신문 - 2008년 12월 13일자 칼럼

조선일보 - 신문은(역사전문 저술가)

중앙일보 - 2006년 4월 24일자

한겨레 21 - 제208호

각 주 -------------------------------------
　　1. 본 원고는 2012년 7월 도움과나눔의 뉴스레터에 게재된 내용입니다.

유대인의 특성을 통해 알아본 기부요청 방법[1]

이 영 동

들어가며

최근 여러 가지 매체를 통해 '버핏세', '노블레스 오블리주', '기업의 사회적 책임', '기부문화', '나눔문화'와 같은 단어들을 어렵지 않게 들을 수 있다. 우리나라의 나눔은 지속적으로 그 규모가 커지고 있다[2]. 그러나 여전히 우리 사회의 기부는 부자들보다 할머니 기부자[3] 들로 대표되고 있는 실정이다(예종석, 2010). 통계청(2011)의 나눔문화 통계에 의하면 기부하지 않는 이유가 경제적인 여유가 없기 때문이 62.6% 이고, 직접적으로 요청을 받은 적이 없어서가 5.7%라고 한다. 직접적으로 기부요청을 받은 적이 없어 기부 경험이 없다는 부분은 새삼 기부요청의 중요성을 일깨워준다. 이와 함께 기부가 '단순 자선활동'에서 '사회변화 및 가치에 대한 투자활동'으로 변화하고 있다(Grace, Kay

Sprinkel, 1997)는 것은 '기부요청'과 관련된 국제적 트렌드가 변화하고 있음을 말해준다.

이 글에서는 세계에서 가장 많이 기부하는 사람들로 알려져 있는 빌 게이츠, 조지 소로스, 워렌 버핏 등이 유대인이라는 공통점이 있다[4]는 부분에 착안하여, 기부를 많이 한다는 유대인들이 어떤 특성을 가지고 있는지를 살펴 본다. 이후, 유대인들이 가지는 특성을 통해 기부요청 과정에서 꼭 기억해야 하는 부분들을 확인해 보기로 한다.

유대인의 5가지 특성

유대인들이 갖고 있는 다양한 특성 중 몇 가지에 대해 알아보자. 가장 널리 알려진 특성은 유대인들은 원하는 것이 매우 분명하다는 것이다. 이들은 원하는 것이 있으면 그것을 얻기 위해 체면치레를 하지 않는다.

유대인들은 협상에 있어서도 'yes'와 'no'가 명확하고 원하는 바를 분명히 말한다. 유대인들은 식당 같은 곳에서 음식이 맛이 없다거나 요청했던 사항 중 무엇인가가 부족하다고 느끼면 망설이지 않고, 그 부분에 대해 명확하게 표현한다.

유대인들의 두 번째 특성은 개인적 친분을 중요시 여기는 것이다.

업무에는 철저하지만, 업무 이외의 부분에서는 친분을 과시하는 경향이 있다. 따라서 어떤 요청 등이 공적인 부분에서는 매우 어렵게 진행될 수 있지만, 사적인 만남을 통해서 문제가 쉽게 해결될 수도 있다.

유대인의 세 번째 특성은 계산 능력이 뛰어나다는 것이다. 유대인들은 현재 자신의 상황에서 어떤 것이 득이 되고, 어떤 것이 실이 되는지에 대한 판단이 뛰어나다. 이러한 특성은 유대인이 미국과 전 세계에 막대한 영향력을 미치고 있는 하나의 원인이기도 하다.

네 번째로 유대인들은 명분을 매우 중요시하는 특성이 있다. 이들은 많은 상황에서 '왜'라는 질문을 던진다. 이것은 상황의 근간이 무엇인지를 파악하는 원동력이 된다. 문제를 해결함에 있어 문제가 '왜' 발생하였는지를 이해하는 것은 문제를 어떻게 풀어가야 할 것인가의 시초가 된다. 또한 왜 그렇게 하면 안 되는지에 대해서도 이해함으로써 다시 생각할 수 있는 여지와 다른 어떤 방법이 있는지 한 번 더 고려할 수 있게 한다.

유대인들이 가진 전통에 따른 특성 중 자주 회자되는 것으로 유대인들은 기부에 매우 우호적이라는 것이 있다. 유대인에게 자선, 기부 등의 선행은 삶의 중요한 일부분이다. 유대인들은 쩨데카라는 제도를 통해 어려서부터 지역 사회의 어려운 사람을 돕는 것을 훈련 받는

다. 그리고 시장에서 장사가 끝날 무렵, 남은 물건들을 길에 내어 놓음으로 가난한 사람들이 가져갈 수 있도록 해서 어려운 사람들이 최소한의 생계를 유지할 수 있도록 돕는다.

유대인의 특성과 기부요청

기부자의 성향은 기부요청에 중요한 자료로 활용된다. 요청에 대한 수락 가능성을 추론하는데 도움이 되기도 하고, 어떤 잠재기부자에게 어떤 모금상품을 가지고 요청하는 것이 좋을지 추론하는 것에도 도움이 된다. 그러나 지금까지 알아본 유대인의 다섯 가지 특성은 (①원하는 것이 분명함, ②개인적 친분을 중요시 여김, ③ 이해득실에 대한 계산능력이 뛰어남, ④ 명분을 중요시 여김, ⑤ 기부에 대해 호의적임) 기부요청 시 꼭 기억해야 하는 부분을 일깨워준다.

먼저 '기부에 우호적인 특성이 있다'는 것을 '기부요청과 관련된 만남을 수락했다'로 바꿔놓고 생각해보자. 기부에 우호적인 특성을 가진 사람이 그렇지 않은 사람들보다 기부를 더 잘해준다면, 기부요청과 관련된 만남을 더 자주 갖는 사람이 기부할 가능성이 더 크지 않을까? 기부요청과 관련된 만남을 요청했을 때, 한 번에 수락하는 사람과 여러 차례 거절하다가 수락한 사람이 있다면 어떤 사람이 기부 가능성이 높을까? 그리고 한차례 기부요청 만남을 한 사람과 수차례 만난 사람 중 어떤 사람에게 기부 가능성이 높을까?

여기에 대한 대답은 유대인의 다른 특성을 통해 찾을 수 있다. 기부요청과 관련된 만남이 많아진다는 것은 잠재기부자가 기부할 용의는 있다는 것이다(기부할 의향이 없다면 만남이 불편하여 회피된다). 그러나 만남이 많아진다는 것은 기부자가 원하는 부분과 무엇인가 괴리감이 있기 때문일 가능성이 높다. 기부할 명분이 부족하다고 느끼거나 원하는 예우를 제시하고 있지 못할 수도 있고, 개인적인 친분이 있는 사람이나 친분을 쌓고자 하는 사람을 통한 요청이 아니기 때문일 수도 있다.

만약 워렌 버핏에게 빌 게이츠가 아닌 재단의 최고 경영자인 제프 레이크스가 기부요청을 했다면 어땠을까? 제프 레이크스의 기부요청에 워렌 버핏은 빌 게이츠에게 어떻게 반응했을까? 대답은 버핏만 알겠지만, 25년의 나이 차이를 뛰어넘은 워렌 버핏과 빌 게이츠의 친분을 생각한다면, 빌 게이츠가 요청했기 때문에 워렌 버핏이 재산의 대부분을 빌&멜린다 게이츠 재단에 기부하기로 결정하기 쉬웠을 것이다.

만약 누군가와 기부요청과 관련된 만남이 지속적으로 이루어지지만, 기부로 이루어지고 있지 않다면, 기부자가 원하는 부분과 어떤 괴리감이 있는지 빨리 알아채고 처리하는 것이 필요하다.

이해득실 계산과 기부와의 관계

빌 게이츠 이야기를 시작했으니 이해득실을 따지는 특성과 기부에 대한 이야기를 빌 게이츠를 통해 풀어보자. 빌 게이츠에 대한 평가 중 독점 논란에 휘말린 이후 재단을 설립했다는 점에서 이러한 논란을 불식시키기 위해 재단을 설립한 것이 아니냐는 주장이 있다. 그런 의도가 전혀 없었다고 하기엔 뭔가 꺼림직한 면이 있다. 그 이유는 부(富)를 축적하고 비난을 받은 이후 사회사업 등을 강화하여 이미지를 바꾼 사례는 어렵지 않게 찾을 수 있기 때문이다. 과거 석유재벌 록펠러는 독점으로 많은 부(富)를 축적해 비난을 받았고 그 이후 이러한 비난을 피해 재단을 설립하는 등 다양한 사회사업을 펼쳐 록펠러가(家)는 현재 존경 받는 가문이 되었다. 그리고 국내 재벌 총수들이 사회적으로 물의를 일으켰을 때 보였던 행동들은 이와 유사한 모습을 보인다. 그러나 중요한 것은 빌 게이츠가 자신의 상황에서 어떤 것이 득이 되고, 어떤 것이 실이 되는지 생각하고 결정했을 거라는 것이다. 그리고 그 판단의 결과로 많은 사람들을 돕고 세상에 긍정적인 에너지를 퍼뜨리고 있다는 것이다.

명분 중시와 기부 행동

다음으로 명확한 명분에 대해 확인해보자. 기부자의 입장에서 매력적인 명분은 어떤 사람에게는 세상에 큰 변화를 일으킬 수 있는 명분이, 또 어떤 사람에게는 아주 작은 추억에서 비롯되는 명분이 기부에 중요한 변수로 작용할 수 있다.

한국의 대표적인 기부자인 할머니들에게 대학은 어떤 명분을 제공하고 있었고, 유복한 환경에서 자라난 빌 게이츠에게 빈곤해소와 교육기회 제공 등에 거액을 투자하고 있는 것은 어떤 명분으로 시작된 것일까? 빌 게이츠와 할머니들의 기부에는 명분이 다를 수 있다. 그러나 이들이 추구하는 명분(가치)을 가지고 있다는 것을 부정할 수는 없다. 일반적으로 기부자들은 추구하고 있는 명분에 가장 적합하다고 믿는 기관에 기부한다. 할머니들은 다양한 대학에 대한 믿음을 가지고 기부했을 것이고 빌 게이츠는 스스로 재단을 설립하여 가치를 추구하고자 했다.

그리고 이러한 과정의 이면에는 이해득실의 계산을 활용했을지도 모른다. 그렇기 때문에 '원하는 것을 달성하기 위한 규모' 즉, 기부를 요청하는 금액이 얼마인지 명확하게 표현하는 것이 얼버무리는 것보다 효과적일 수 있다. 당신이 얼마만큼의 기부를 해주길 원한다고 표현하는 것은 요청을 받는 사람으로 하여금 스스로 득실을 확인할 수 있도록 돕고, 그러한 명분과 가치를 얻기 위해 투자할 만한 방법을 가지고 있는지를 판단할 수 있게 하기 때문이다. 만약 전 세계 굶주리고 있는 모든 어린이의 굶주림을 해소하게 하자고 빌 게이츠에게 한 달에 3만원의 기부를 요청한다면, 빌 게이츠는 시간을 낭비했다고 여길지도 모르겠다. 3만원으로는 한 명의 어린이의 굶주림 밖에 해소할 수 없기 때문이기도 하고, 굶주림의 해소라는 명분에 일시적인 해결책 밖에 제시하지 못하기 때문이다. 반면, 정말 확실한 방법[5]이라고 판단할만한 프로그램을 개발해서 굶주림의 해소라는 명분과 함께 하자고 제안했다면 어땠을까? 빌 게이츠가 어떤 구조로 사업을 펼쳐나갈지 알 수는 없겠지만 본인에게 가장 유리하다고 판단할 수 있는 방법을 통해 3만원이 아닌 3억달러를 투자하게 했을지도 모른다[6]. 빌 게이츠 같은 사람에게는 기부요청 금액의 크기보다 기부에 따른 변화, 프로그램의 효과성 등이 기부결정에 중요하게 작용할 수 있다. 그래서 사업에 필요한 금액과 요청하는 금액을 명확하게 산정하고, 요청하는 것이 기부를 이끌어 내기 위해 필요하다.

끝으로

지금까지 유대인들이 가지고 있는 특성 몇 가지를 알아보고 이를 토대로 기부요청시 어떠한 것을 고려하는 것이 필요한지에 대해 이야기하였다. 최근 잠재기부자가 기부를 결정하는 것에 중요한 요인이 무엇인지에 대한 국내 연구가 하나둘 나타나기 시작했다[7]. 앞에서 살펴본 유대인 특성에 대한 이야기와 최근의 연구 결과는 기부자의 특성 및 관심사가 무엇인지 파악하고 이들의 요청 사항을 어느 정도 수용하고자 할 것인가 등의 기부요청 과정의 중요성을 일깨워준다.

직접적으로 기부요청을 받지 못했기 때문에 기부경험이 없다고 응답했던 사람들과 이제까지 준비되지 않은 기부요청에 실망하여 기부하지 않았던 사람들에게 체계적으로 준비된 명분과 가장 적합한 사람이 기부요청을 하게 된다면, 이들의 참여를 이끌어 낼 수 있지 않을까? 사소해 보일 수도 있는 작은 노력이 "한국이 경제규모 세계 10위권 강국임에도, 기부금액은 미국대비 10분의 1이다[8] "와 같은 말을 더 이상 듣지 않을 수 있도록 나눔문화를 성숙하게 할 것이다. 성숙한 나눔문화를 만들기 위해 국민 개개인의 노력도 중요하지만 보다 나은 세상을 위해 활동하는 NPO의 더 많은 노력이 선행되어야 하지 않을까 생각해 본다.

각 주 --

1. 본 원고는 2012년 7월 도움과나눔의 뉴스레터에 게재된 내용입니다.

2. 1999년의 1인당 기부금액 9만9000원에서 2009년에는 거의 두 배 가까운 18만 2천원으로 증가하였다(기빙 코리아, 2010). 또한 통계청(2011)의 나눔 문화 관련 통계에서는 1인당 평균 기부금액이 16만 7천원으로 나타나 기부규모가 증가하고 있다는 사실을 뒷받침하고 있다. 기빙 코리아와 통계청의 조사에서 기부금에 대하여 약간 다르게 정의하고 있으나 기부가 증가하는 추세라는 점은 동일하게 설명하고 있다.

3. 김밥할머니라고 불리는 김복순 할머니의 전 재산 기부 등 우리나라에는 할머니들의 기부사례가 많다.

4. 2010년 3월 24일 포브스지는 전세계에 10억달러 이상을 기부하고 있는 사람은 총 11명이며, 빌게이츠가 1위, 조지 소로스가 2위, 워렌 버핏이 4위라고 기부자 순위를 공개하였다.

5. 지금까지 명확한 해결책을 제시하지 못했던 사업에 대한 해결책을 제안한다는 것은 빌 게이츠에게 매우 매력적으로 느껴질 수 있을 것이다. 참고로 2차 세계대전 이후 마샬플랜 (전후 유럽재건운동) 후속으로 선진국들은 인도적인 동기를 포함한 다양한 동기를 가지고 제3세계에 대한 빈곤문제 등을 해결하기 위해 경제개발에 대한 막대한 원조를 제공하였다. 그러나 한국 등의 극히 일부의 성공 사례만 있을 뿐, 특별한 해결책이 되지 못한 채 효과성에 대한 문제가 대두되자 2000년 MDGs의 8개 분야의 목표치를 달성하는 것으로 방향성을 변경하였다. 빈곤퇴치는 천년개발목표(MDGs)의 8가지 목표 중 첫 번째 목표이다.

6. 빌 게이츠가 아내와 함께 설립한 현재 빌 & 멜린다 게이츠 재단은 다양한 프로그램을 진행 중이며, 이 중 Global development program을 통해 빈곤과 굶주림 등을 위해 2009년 약 6억 8천만 달러, 2010년 약 4억 9천만 달러를 투자했다.

7. 강철희 외(2007)의 연구에서 연간 1000만원 이상을 꾸준히 기부하고 있는 기부자들 에 대해 연구하였다. 이 연구에서 부유층은 기부를 통해 진정한 부자가된 것 같은 감정을 느끼고 기부도 삶의 일부이며 더 나은 미래를 희망하는 결과를 경험하는 것으로 분석되었다. 또한 기부과정의 핵심범주가 '누린 것을 나누는 관대한 나눔'이고 이는 부유층의 기부가 이타적이라기보다 도덕적 자기이익 추구(자아성장)의 측면에서 관대함을 실천하는 특성을 가지고 있다고 분석하였다.

8. 애이미 잭슨 미상공회의소 대표는 "미국은 매년 평균 1200달러(133만원)를 기부하고, 영국인은 372파운드(67만원)을 기부하고, 한국인은 평균 200$(19만원)도 안된 다"며 꼬집은 말이다. (chosun.com 2012. 06. 25 [더 나은 미래] '전 재산 50% 기부약속' 기사) 과거 한국은 OECD DAC 가입 시에도 GDP대비 해외공여 비율이 낮다는 이유로 조건부 승인을 받았었다(필자).

비영리기관의 재정구조와 모금비용 :
미국 100대 NPO를 중심으로[1]

이 원 규

이하의 내용은 미국 100대 NPO(Non Profit Organization)의 재정구조 분석과 비용분석은 2005년의 자료를 바탕으로 작성한 것으로, 미국에서 발행되는 The Non Profit Times의 Special Report[2]의 내용을 활용하였다. 주요 내용은 해당 자료를 분석하여 미국의 현황을 정리하고, 재원 획득과 비용 사용상 한국의 NPO들이 얻을 수 있는 시사점을 정리하는 데 초점을 두고 있다.

100대 NPO의 재정구조

미국 100대 NPO의 연평균 수입(Income)은 평균 약 5억8천9백만 달러 수준이며 수입을 기준으로 가장 큰 기관은 51억 3천만 달러를 상회

하고 있다. 이들의 재정원천은 기부금, 정부지원금, 서비스 요금, 회비, 투자 수익 그리고 기타 수입의 6가지로 크게 나눌 수 있다.[3] 이 중 가장 큰 수입원은 대중으로부터의 기부금으로 전체 수입의 50%를 차지한다. 다음이 서비스 요금이 23%, 정부지원금 13.7%의 순으로 나타났다.

표 1. 미국 100대 NPO의 재정 수입 원천 비율

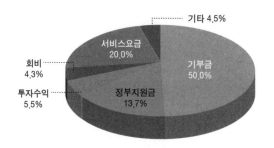

기관의 수입 중에 기부금이 차지하는 비중이 90%를 넘는 곳이 26개(26%)이고, 기부금의 비중이 30% 이하인 곳이 20개(20%)이다. 기관 중에 기부금을 전혀 받지 않는 기관은 없으며, 전체 재정의 최소 10% 정도는 모금으로 감당하고 있다.

100개의 기관 중 정부지원금을 전혀 받지 않는 기관은 23개(23%)

이며, 재정 수입의 50% 이상을 정부지원금으로 충당하고 있는 기관은 7개(7%)이다. 정부지원금 의존도가 가장 높은 경우는 전체 수입의 77.5%이며, 재정 수입 중 정부지원금이 가장 큰 수입원인 기관은 11개(11%) 정도이다.

수입원 중 회원의 회비 비중이 가장 높은 경우는 43%이며, 62개 기관(62%)은 회비를 받지 않은 것으로 나타났다. 회비를 주 수입원으로 하는 기관은 전체 수입규모 1위인 YMCA로 35.2%의 비중을 차지하고 있으며, 이는 두 번째로 큰 수입원인 서비스요금 34.6%와 큰 차이가 없다.

한 가지 원천에의 의존도가 높은 기관은 주로 기부금 비중이 높은 기관들이며, 기부금에 90% 이상을 의존하는 기관이 26개(26%)이다. 이와 비교하여 Catholic Charities USA는 정부지원금 비중이 67%로 기부금의 16%에 비해 4배 이상을 차지하고 있으며, Volunteers of America 의 경우에는 서비스 요금의 비중이 82%로 기부금(10%)의 8배에 이르기도 한다.

기부금의 비중이 50%에 이르지 않으면서 다양한 원천별로 의존 비중이 고루 분산되어 있는 기관의 경우도 있으며, 〈 표 2 〉에서 보는 바와 같이 4개 원천간에 비교적 균형을 이루는 기관도 존재한다.

표 2. 재정 원천 간 균형을 이루는 기관 예

기관명	기부금	정부 지원금	투자수익	회비	서비스요금	기타
Metropolitan Museum of Art	29.6%	5.6%	34.5%	6.4%	9.6%	14.3%
Smithsonian Institution	30.3%	22.2%	9.0%	9.5%	14.2%	14.9%
Wildlife Conservation Society	35.1%	19.9%	14.6%	4.2%	15.2%	11.0%
전체 평균	50.0%	13.7%	5.5%	4.3%	20.0%	4.5%

모금비용 등

미국의 상위 100대 NPO는 평균 5억2천1백만 달러 이상(521,432,589달러)의 비용을 지출하고 있으며, 이는 수입 대비 88.4% 수준이다. 수입 대비 100% 이상을 지출한 단체도 15개(15%)이며, 지출이 적어 50%대로 지출한 기관이 3개(3%)이며 30%대로 지출한 기관도 1개(1%)가 있다.

비영리기관의 비용은 크게 프로그램, 모금, 행정 지출의 3가지로 나누어 볼 수 있는데, 미국의 100대 NPO는 프로그램에의 지출이 86.5%로 대부분을 차지하며, 모금에 5.2%, 행정에 8.5%를 사용하는 것으로 나타났다.

표 3. 미국 100대 NPO의 항목별 지출 비율

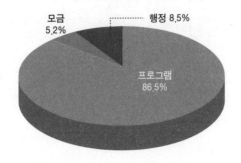

프로그램에의 지출은 전체 지출 대비 최소 70%이며, 95% 이상을 지출하는 기관이 15개(15%)이고 99% 이상을 지출하는 기관도 6개(6%)에 이르고 있다.

전체 비용 대비 모금 비용을 가장 많은 사용하는 기관은 26%를 사용하고 있는 Disabled American Veterans이며, 20% 이상을 사용하는 기관은 3개(3%)이다. 반면 전체 비용 대비 3% 이하로 모금 비용을 사용하는 기관은 33개(33%)로 나타났고, 모금비용을 거의 사용하지 않는 기관(0%대)도 14개(14%)로 나타났다.

기부금과 대비한 모금비용 비율은 평균 9.2%이며, 기부금과 회비를 합한 수입 대비 모금비용은 8.4%이다. 기부금 대비 모금비용을

100% 이상 사용하는 City of Hope and affiliates를 제외하고, 가장 높은 모금비용 비율은 32.8%이며 20% 이상을 사용하는 기관은 모두 13개(13%)였다.

행정비용은 모금비용과 달리 2개(2%)의 기관이 겨우 20%를 넘었고(최고 20.5%), 3% 미만을 행정비용으로 지출하는 기관은 19개(19%)로 나타났다. 이들 중 0%대의 행정비용을 사용하는 기관도 11개(11%)가 존재한다.

평가와 시사점[4]

미국에서 수입 규모가 큰 비영리 기관은 기부금이라는 가장 큰 재정수입원(50%)을 중심으로 정부지원금과 서비스 요금이라는 보조 수입원을 안정적으로 유지하고 있다. 정부지원금은 13% 정도로 이는 만약 이 지원이 중단되더라도 기관의 운영에는 큰 영향을 미치지 않을 정도라 할 수 있다.

개별 기관별로 수입 원천 별로 비중은 다르므로 어느 원천에 특별히 집중해야만 한다는 원칙은 없어 보인다. 비록 기부금이 가장 큰 비중을 차지하기는 하나 반드시 기부금이 가장 큰 재정원천이 되어야 하는 것은 아니라는 것이다.

중요한 것은 재정의 안정성을 도모하기 위해서는 재정원천 별 portfolio의 구성에 대해 전략적 판단과 선택이 있어야 할 것이다. 정확한 가이드를 마련하기는 어려우나 재정수입원천 중 한 곳에서 안정적인 50% 대를 확보하는 것이 안정적인 포트폴리오라 평가할 수 있을 것이다. 수입규모가 가장 큰 YMCA의 경우에는 회비와 서비스 요금이 각각 35% 정도를 차지하고 있는 데, 이는 회원을 대상으로 한 서비스 제공과 이에 대한 요금이므로 70%의 수입을 '회원'에 의존한다고 할 수 있다.

모금비용은 기부금 대비 약 8% 정도를 사용하며, 행정비용은 총 지출 비용의 8% 정도이다. 아주 낮은 비용으로 모금을 실시하고 있는 기관도 있으나, 모금을 위한 최소 예산을 책정해야 하며 그 규모는 기부금의 10% 전후가 적절할 것이며, 이는 행정비용도 마찬가지라 할 수 있다. 이와 같은 수준의 비용이 사용되어야 효과적인 모금활동과 기부자 개발/예우 활동이 가능할 것이며, 경영의 합리성도 기할 수 있을 것으로 보인다.

다만, 분석대상 기관이 세계에서 가장 큰 대형 NPO임을 감안한다면 작은 규모의 또는 전체 NPO 의 모금 비용은 더 높을 것으로 추정된다. 분석 대상 기관 중 실제로 규모가 더 큰 50대 NPO의 모금비용 비중이 100대 NPO의 모금비용 비중보다 낮으므로 소규모 기관의 모금 비용 비중이 더 큰 것은 분명하다 할 것이다. 따라서 기관의 규모가 작을 수록 모금비용과 행정비용에 대한 부담이 크고, 프로그램에 투입할 수 있는 재원은 상대적으로 제한되는 것이 당연하다 할 것이다.

표 4. 기관 규모에 따른 모금 비용 비교

구분	총 비용 대비 모금비용	기부금 대비 비용	기부금+회비 대비 모금비용
50대 NPO	4.6%	8.7%	7.8%
100대 NPO	5.2%	9.2%	8.4%

각 주 ---------------------------------------

1. 본 원고는 2010년 4월 도움과나눔의 뉴스레터에 게재된 내용을 수정한 것입니다.

2. The NPT Top 100: AN IN-DEPTH STUDY OF AMERICA'S LARGEST NONPROFITS(NOVEMBER 1, 2006)

3. 수입(Income)에 포함할 수 있는 다른 한가지로 현물(In kind)이 있으나 본 분석에서는 포함하지 않았다. 원 자료에서도 별도로 분류하고 있다.

4. 본 분석은 금융위기 이전의 자료를 토대로 작성하였으므로, 그 이후 상황에 적합하지 않을 수도 있다. 금융위기로 인해 비영리기관도 기부금의 감소, 비용감축을 위한 구조조정 등이 이루어졌다. 다만 전체 수입규모가 줄고 비용도 감소하였다는 점을 감안한다면 본 분석과 시사점은 나름대로 합리성을 가질 것이다. 더 정교한 평가와 시사점 도출을 위해서는 금융위기를 전후로 한 몇 년간의 자료를 바탕으로 종단적 분석이 필요할 것이므로 이는 추후로 분석해 볼 수 있을 것이다.

Advocacy 단체의 모금특징[1]

서 정 아

들어가며

일반적으로 비영리단체는 사회복지, 보건, 교육, 문화 등의 서비스를 주로 제공하는 서비스형과 정부정책의 비판 및 감시, 주민의 권익보호, 정부의 정치, 행정개혁 등 사회문제 해결 및 시민참여 중심의 활동을 수행하는 Advocacy형 단체로 나누어 볼 수 있다. 서비스형 단체의 경우 정부의 재정지원을 받는 경우가 많은데 수혜대상에 따라서 정부의 위탁업무와 같은 사업수행과 관련된 경우가 많다.

서비스형 분야에서는 단체끼리의 협조관계가 형성되기도 하지만 Advocacy형 부문에서는 많은 경우가 긴장관계를 유지하고 있다. Advocacy형 단체의 경우, 정부정책의 모니터링, 비판과 같은 단체의 본래 취지에 맞는 사업을 운영하기 위해서는 정부의 재정지원을 받는 것이 종종 논쟁으로 이어지기 마련이다. 그렇다면, Advocacy 단체는 어떻게 모금포트폴리오를 구성하고, 전략을 짜야 하는 것일까?

국내외의 대표적인 Advocacy형 시민단체의 모금 사례를 통해서 Advocacy 단체의 모금특징을 알아보자.

국제단체

국제적으로 잘 알려진 Advocacy형 시민단체로는 인권단체인 국제 앰네스티(Amnesty International)[2], 휴먼라이츠워치(Human Rights Watch)[3], 환경보호단체인 그린피스(Greenpeace)[4] 등이 있다.

1) 국제앰네스티

국제앰네스티의 경우 내부 펀드레이징 정책에 따라 인권캠페인과 인권 사례 조사에 대해서는 정부로부터 지원금을 받지 않고 있다. 다만, 인권교육에 대해서는 정부로부터 후원금을 받기도 한다. 아래 표를 보면, 국제앰네스티의 재정 중 약 99%가 회원들의 회비와 시민들의 자발적 후원금으로 구성되어 있는 것을 알 수 있다.

표 1. 국제앰네스티 2008년 수입[5]

Income	(£'000)	비율
Voluntary Income (기부금)	34,695	98.50%
Activities for Generating Funds (기금)	222	0.63%
Investment Income (투자수익)	307	0.87%
Total Income	35,224	100%

국제앰네스티 미국지부의 경우 회비 81%, 비현금기부 9%, 재단기
금 2%, 물품판매수익 1% 로 재정이 구성되어 있는 것을 알 수 있다.

표 2. 국제앰네스티 미국지부 2008년 수입[6]

Operating Revenue	($)	비율
Contributions from Individuals (개인기부)	34,560,097	81.15%
Grants from Foundations (재단기금)	1,042,288	2.45%
Donated Services (비현금 기부)	4,224,264	9.92%
Literature and Merchandise Sales (문헌 및 물품판매)	481,012	1.13%
List Rental (리스트 임대료)	203,478	0.48%
Events and Miscellaneous Income (이벤트 및 기타 수입)	1,950,202	4.58%
Conference Fees/Regional Fundraising (컨퍼런스 및 지역모금)	127,058	0.30%
Total Operation Revenue	42,588,399	100%

이에 따라 국제앰네스티의 경우에는 온라인, Direct Dialogue,
Door to Door 등의 모금방식을 적극적으로 활용하여 회원을 확대하
고 있다. 또한 일반 대중의 자발적 후원금을 모으기 위해서 국제앰네

스티가 활동하는 영역(여성폭력 추방, 불법무기거래통제, 소년병 등)의 이슈를 연계하여 모금캠페인을 실행하고 있다. 특히 미국지부의 경우에는 아티스트들의 거액기부와 재능기부를 다양한 방식으로 활용하고 있다. 영화배우 Nicholas Cage의 200만 달러 기부사례, 음반 "Instant Karma: The Amnesty International Campaign to Save Darfur" 판매 등을 통한 모금 등이 그 사례이다. 그 외에도 모금을 위한 이벤트로 연례 걷기대회, bake sales, 복권, 콘서트, 만찬 등을 활용하고 있다.

2) 그린피스

그린피스 또한 재정적 독립성을 지키는 것을 매우 중요하게 생각해, 정부로부터의 지원금은 받고 있지 않다. 국제그린피스의 재정보고를 보면 각 지부 회원 및 개인 기부자를 통한 모금이 97%에 달한다. 그린피스 미국지부의 경우에도 79%가 개인기부이다.

2008년 연례보고서에 따르면, 그린피스는 온라인모금, Direct Dialogue, 미디어 활용, 재단기금, 유산기부, 개인 기부 등의 모금 전략을 활용하였다.

표 3. 국제그린피스 2008년 수입

Income	(£ '000)	비율
Grants from Greenpeace National and Regional Offices(그린피스 지부 기금)	46,130	91.06%
Other Grants and Donations (기금 및 기부)	3,080	6.08%
Merchandising and Licensing (판매 및 라이센싱)	40	0.08%
Interest (이자)	884	1.74%
Other Income (기타)	526	1.04%
Total Income	50,660	100%

표 4. 그린피스 미국지부 2008년 수입[7]

Support and Revenue	($)	비율
Contributions and Donations (기부금)	20,755,850	79.89%
Investment Returns (투자 회수금)	-5,611	-0.02%
Grants from Greenpeace Fund, Inc (그린피스펀드 기금)	4,903,613	18.87%
Other Grants via Greenpeace Fund, Inc.(그린피스 펀드를 통한 기금)	99,622	0.38%
Grants from Stitching Greenpeace Council(그린피스위원회 기금)	-	0.00%
Licensing, Royalties and Merchandise (라이센싱, 로열티, 판매)	45,185	0.17%
Asset Sale (자산매각)	7,000	0.03%
Net Assets Released from Restrictions (제한이 풀린 순자산)	175,468	0.68%
Total Support and Revenue	25,981,127	100%

국내 단체

국내의 대표적인 Advocacy형 시민단체로는 경실련(경제정의실천시민연합), 참여연대, 함께하는시민행동, 환경운동연합 등이 있다.

1) 참여연대

참여연대의 경우 앞서 살펴본 국제 Advocacy 시민단체와 마찬가지로, 정부지원금 거부, 회비를 통한 재정 자립추구 등의 재정원칙[8]을 바탕으로 하여 모금을 하고 있다. 참여연대의 2008년도 기준 전체 수입 중 회비가 차지하는 비율은 63%, 2009년에는 65%정도이다.

표 5. 참여연대 2009년 수입

구분	금액 (원)	비율
회비 수입	1,062,803,684	65.9%
후원금 수입	340,456,378	21.1%
사업 수입	201,608,294	12.5%
기타 수입	7,582,634	0.5%
총계	1,612,450,990	100%

2009년 참여연대는 다수의 소액후원자를 확대하기 위한 방안으로 비회원인 전문가 자문위원들을 대상으로 한 회원가입 캠페인, 3년 차

이상 회원의 회비증액 캠페인, 소액 다수의 네이버 해피빈 모금, 창립
기념 정기 후원행사 등을 시도해 보았다.

　참여연대활동을 캠페인 이슈로 활용한 네이버 해피빈 모금을 통해
서는 대중의 홍보와 관심을 촉구하는 계기가 되었을 뿐 아니라, 지속
적인 후원그룹을 형성하는 효과를 가져왔다고 평가하고 있다.[9]

2) 함께하는시민행동

　함께하는시민행동 사례를 살펴보면, 회비가 44.3%로 다른 Ad-
vocacy형 시민단체에 비해 비율이 낮은 편이다. 온라인 일시후원,
10주년 기념 후원금 등 이벤트를 통한 후원금의 비율이 40% 정도
로 나타나고 있다.

표 6. 함께하는시민행동 2009년 수입

구분	금액 (원)	비율
회비	108,789,500	44.3%
후원금	99,915,180	40.7%
프로젝트지원금	36,313,708	14.8%
자료판매수입	123,000	0.1%
기타사업수입	14,000	0.0%
잡이익	494,967	0.2%
총계	245,650,355	100%

마무리

이상 4개의 국내외 Advocacy형 시민단체의 모금 사례를 살펴보았다. 이들 사례를 통해 Advocacy형 비영리단체의 모금 특징을 정리해 보면 다음과 같다.

국내외 Advocacy형 시민단체 모금방식의 공통점은 재정적 독립성을 지키기 위해 정부나 기업의 지원을 받지 않거나, 제한적으로 받고 있다는 점이다. 따라서 Advocacy형 시민단체의 경우 회원확대(모집)가 단체의 가장 중요한 모금전략으로 자리잡고 있는 것을 알 수 있다.

하지만 회원이나 개인기부자의 기부 유형과 규모는 국내외 단체가 차이를 보인다. 외국의 경우 국제앰네스티, 그린피스 등의 모금 사례에서는 소액기부, 유산기부, 거액기부의 사례를 찾아볼 수 있었으나 국내 단체의 경우에는 회원이 소액기부자로 대다수 구성되어 있는 것을 알 수 있었다.

회원(후원자)을 모집하는 방법에 있어서도 국내외 단체의 차이가 드러난다. 외국의 경우 Direct Dialogue, Door to Door 등의 매우 적극적인 회원(후원자) 모집 방법을 사용하고 있는데 반하여 국내 단체들의 경우 온라인, 직원을 통한 회원(후원자) 개발 방법을 제외하고는 거의 전무하다고 할 수 있다.

Advocacy형 시민단체들은 단체의 본래 취지에 맞는 사업을 수행함에 있어 독립성을 지키기 위해 정부나 기업에 대한 의존도를 없애거나, 최소화하기 위해 개인기부자를 어떻게 모을 것인가에 모금 전략을 집중하고 있다.

　　아직까지는 국내 Advocacy형 시민단체의 경우, 월 정기후원자 개발에 대한 전략만을 고민하고 있지만, 앞으로는 월 정기후원자, 소액기부자 개발에만 집중할 것이 아니라 중소액, 중거액, 거액기부자로 개인 기부자 층을 다양화하기 위한 모금방법을 고민할 필요가 있을 것이다.

각 주 --

1. 본 원고는 2010년 5월 도움과나눔의 뉴스레터에 게재된 내용입니다.

2. 국제앰네스티는 1961년 설립된 세계최대의 인권단체로, 특정 정부나 정치단체, 이데올로기, 경제적 이해, 종교로부터 독립성과 공평성을 유지하는 것을 모토로 인권보호를 위한 다양한 활동을 하고 있다. 양심수 석방, 고문철폐, 사형제 폐지 운동을 벌여왔다.

3. HRW는 1978년 설립된 인권감시단체로 제3세계뿐만 아니라 미국, 유럽 등 선진국의 정부나 기업을 대상으로 한 인권감시 활동을 벌이고 있다.

4. 그린피스는 생물 다양성을 지키고, 모든 종류의 환경 오염을 방지하며, 지구상의 핵 위협을 종식시키는 것을 목적으로 활동하고 있다.

5. Amnesty International Limited and Amnesty International Charity Limited Report and financial statements for the year ended 31 March 2008

6. Amnesty International of the U.S.A., Inc. Financial Statements year ended 30 September, 2008

7. Greenpeace USA 2008-2009 Annual Report

8. 회비 우선의 원칙, 정부 지원금 거부의 원칙, 비의존 원칙

9. 2010년 참여연대 정기총회 자료집

복지단체들의 성공적 모금을 위한 주요 요소[1]

박 미 정

　내년 경제성장률이 4%가 넘을 것이라는 정부의 낙관적 전망 속에 체감실업률 11%, 최저임금의 비정규직 210만 명, 절대빈곤률 11.2%, 기초보장 사각지대 빈곤층 400만 명 등 서민들의 삶은 벼랑 끝으로 떨어지고 있다. 올해 복지예산은 아래 표에서 보는 것처럼 2009년 대비 1.5%가 감소하였다.[2]

표 1. 2010년 보건복지가족부 예산(안) 중 주요 감액여산　　　　　단위 : 백만원

구분	2009 예산	2010 예산(안)	감 액	
긴급복지	153,312	52,912	10,040	△65.5%
한시생계구호	418,100	0	418,100	순감
저소득층 에너지 보조금	90,291	0	90,291	순감
재산담보부 생계비 융자	63,900	4,080	59,820	△93.6%
공공의료 확충	174,580	111,835	62,746	△37.9%

보육시설기능 보강 (국공립보육시설 신축 등)	21,147*	9,438	11,709	△55.4%
결식아동 급식 지원	43,200	0	43,200	순감
노인요양시설 확충	97,390	52,642	44,748	△45.9%

※ 2008년 추경기준임(* : 09년 추경이 없는 경우, 본예산 기준으로 함)

※ 2009년 예산 중 결식아동급식예산은 본예산, 추경 예비비를 포함해 541억원임

　복지와 관련하여 열악한 환경에 처해있는 서민들의 최측근에서 발이 되어줄 복지단체들은 이들을 위해 어떤 모금을 하고 있는지 살펴보았다. 복지관련 사업을 하고 있는 단체들 가운데 가장 대표격이라고 볼 수 있는 지역사회복지관의 모금사례를 조사해 보았다.

복지단체들이 모금을 어려워하는 이유는?

1) 정부지원 예산에 대한 과도한 의존성

　아래 표에서 보듯 해당 복지관은 전체 예산의 90%~60%까지 정부 예산을 통해 사업을 운영하고 있다. 이 예산도 자율적인 사업이라기보다는 정부에서 지원하는 사업 위주로 예산지원이 이루어진다.

표 2. 후원금 수입 내역   단위 : 천원

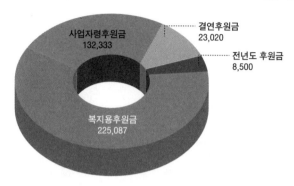

사업자령후원금
132,333

결연후원금
23,020

전년도 후원금
8,500

복지용후원금
225,087

수입 총액 : 339,011천원

이런 사업 진행의 한계는 복지관들이 사업선정 시 지역적 특성과 대상자의 needs에 맞는 사업편성 보다 정부예산을 받을 수 있는지 여부에 더 치우친 유사한 사업들을 진행할 수 밖에 없도록 만든다. 하지만 정부 예산이 줄어들고 있는 시점에서 더 이상 정부 예산만 바라볼 것이 아니라, 대상자들의 needs를 반영하는 사업을 시도할 때가 아닌가?

2) 모금에 대한 비전문성

대부분의 사회복지사들은 펀드레이징에 대한 학습 보다 직접 대상자를 케어하는 쪽에만 치우쳐 있고, 단체의 여러 업무 중 인체의 동맥과도 같은 회원개발업무를 신입 사회복지사들에게 맡기는 것을 볼

수 있다. 모금은 분명 전문성에 따라 성패가 뚜렷한 것이다. 당신이 갑자기 거액을 기부할 수 있는 잠재기부자라면 이 후원금을 담당자가 자주 변경되는 단체에 맡기겠는가? 아니면 지속적으로 이 일에 전문성을 인식해서 꾸준히 나를 관리해 주는 담당자에게 맡기겠는가?

3) 단체의 핵심을 이끌어 낼 이사회의 부재

성공적인 모금을 이룬 단체들의 공통점은 모금에 열린 단체장과 건강한 이사회일 것이다. 단체의 뼈대를 세우고, 운영을 결정하는 이사회에서 단체가 활동하기 위한 핵심 자원인 모금을 외면하고 명예직으로만 이사회를 운영한다면, 결국 두뇌 없이 반사적인 모금만이 이루어져 결국 실무진만 지치게 될 것이다.

4) 한 두 번의 모금실패를 불가능으로 인식

모금을 안 해 본 단체가 있을까? 어느 복지관이나 모금을 위해 다양한 방법들을 시도해 본다. 하지만 없는 예산 속에 그리고 바쁜 업무 중에 단 몇 사람의 업무로 모금을 시도하다 보면 모금에 대한 충분한 목표 공유도, 이에 연결된 업무 분담도, 그리고 준비도 미흡한 채 모금이 이루어지다 보니 당연히 실패는 따르게 되어 있다. 하지만 이 실패를 밑거름 삼아 또 다른 도전을 하기보다 두려움이 앞서 결국 불

가능한 것으로 인식하고 마는 것이다.

이와 같은 사항들이 반복되어 낳은 모금 방법들은 결국 다음과 같다.

① 사회복지사의 친구와 가족을 후원자로 만드는 1대1 배가 운동

② 들어간 비용을 수익으로 전환하느라 힘든 바자회

물론 이와 같은 방법들이 성공한 사례들도 있다. 이는 위의 사항들이 뒷받침되었을 때, 아니면 정말 운이 좋았을 경우일 것이다. 하지만 이 모든 사업들이 정기적인 후원사업으로 연결되기는 어렵다. 사회복지사들의 열정과 시간에 비해 결과는 늘 복지관에 많은 수익을 보장하지 못하는 결과를 낳는다.

그렇다면 성공적인 모금을 하기 위한 방법은 무엇이 있는가?

1) 먼저, 우리 복지관이 꼭 모금이 필요한 것인지 생각해 보라

① 필요하다면, 왜, 얼마나 필요한지 구체적으로 작성하라.

② 필요하지 않다면, 현재의 예산을 잘 분배해서 사용하는 것도 나쁘지 않다.

2) 필요한 모금액을 결정했다면, 이전에 했던 모금방법들 중 실패한 요인들을 분석하라

실패 요인을 분석하다 보면 전반적으로 방식이 잘못된 경우보다 목표공유 부족으로 인한 인력부족 및 홍보부족이 대부분일 것이다. 새로운 모금방식보다 단체가 잘 할 수 있는 방식으로 지역사회에 대해서 소통하고 모금을 하게 된다면 굳이 많은 노력을 들여서 어렵게 홍보를 할 필요가 없을 수도 있다.

3) 지역사회 행사를 활용하라

복지관의 대부분은 홍보예산이 부족하다. 하지만 후원자는 복지관을 알아야만 후원을 생각할 수 있고, 단체를 안다면 신뢰를 할 수 있어야 후원을 실천할 수 있다. 적은 예산으로 홍보를 하기 위해서는 우리 지역 또는 우리 단체의 이슈를 알릴 수 있는 기회를 자주, 적극적으로 찾아야 한다. 우리 단체를 알릴 수 있는 기회, 행사에 참여할 수 있는 기회를 찾고 실제로 참여한 사항을 각 신문 및 온라인을 통해 보도하여 단체를 두세 번 더 알릴 수 있도록 하는 것이 저비용-고효율적이다.

① 예) 은평구 구민바자회-불우 청소년 돕기 1:1결연 신청!! 은평청소년센터

② 예) 진도 노인복지관-행복 가득 우리마을 복지관

(http://www.welfarenews.net/news/news_view.html?bcode=22090)

4) 후원자 만나는 일을 두려워하지 마라

후원자의 대부분이 적극적으로 복지관을 찾아오는 경우는 아주 드물다. 하지만 복지관들은 그런 후원자를 기다리고 있다. 지역사회를 기반으로 둔 복지관일수록 지역주민과의 연대를 갖는 일이 무엇보다도 중요하다. 모금이 필요한 명분으로 자신감을 키우고, 복지관장부터 이사회까지 모두 단합이 되어, 지역 사회에 홍보활동을 통해 후원자를 만날 준비까지 했다면 그 다음은 한가지! 직접 대화하라. 그리고 후원을 요청하라. 복지관의 규모보다 대상자를 생각하는 당신의 마음이 전해졌다면 후원자의 마음은 열릴 것이다.

5) 지역 로터리 클럽이나 라이온스 클럽을 공략하라

지역사회에서 가장 연대가 강력한 조직은 상업을 바탕으로 한 로터리 클럽과 라이온스 클럽일 것이다. 우리 지역의 여러 사업들에 관심을 갖고 있는 이들의 시선을 우리 복지관으로 이끌 만한 사업을 찾고 기획해야 한다. 그리고 클럽의 가장 영향력있는 멤버를 이사회로 연결해서 복지관의 발전이 지역에 미치는 영향을 함께 고민할 수 있도록 할 수 있다. 이렇게 되면 지역 자원봉사 및 자원에 대한 도움을 지속적으로 받을 수 있을 것이다. 이에 대한 사항을 단 몇몇의 사회복지사가 아닌 복지관장 및 이사회를 통해 실천해야 할 것이다.

결 론

지금까지 일반적으로 복지단체들이 모금을 어려워하는 몇 가지 이유를 예와 함께 알아보았다. 복지관이 성공적인 모금을 하기 위해서는

① 무한한 인적자원과, 물적 자원을 개발할 수 있는 가능성

② 실제 모금 경험을 바탕으로 한 다양한 모금의 도전정신

③ 지역이라는 큰 울타리와 뚜렷한 목적

④ 전문적인 자원이 될 직원들

⑤ 그리고 목표가 되어 줄 사회의 needs 등이 필요하다.

이제 할 일은 자원을 묶어 가는 일이다. 아무리 멋진 신형 자동차도 1회용 샘플 휘발유를 이것 저것 넣는 일로는 목적지에 가기 힘들다. 샘플 중 가장 효율적인 것을 찾아 모금을 시작하는 것만이 성공으로 갈 수 있는 유일한 길일 것이다.

각 주 ---------------------------------------
    1. 본 원고는 2010년 3월 도움과나눔의 뉴스레터에 게재된 내용입니다.

    2. 참고 http://blog.peoplepower21.org/Welfare/41094

해외 사례를 통해 본
문화예술단체의 모금[1]

유 가 을

문화예술단체의 모금은 어떻게 할 것인가?

'은행가들은 식사를 하면서 예술을 얘기한다. 재미있는 것은 예술가들은 식사를 하면서 돈에 대해 얘기한다'[2] 라는 말이 있다. 이미 오래 전부터 예술가들의 핵심 이슈 중 하나는 재원조성이었다. 이제는 재원조성을 위한 다양한 전략이 필요한 시기인 것이다.

그렇다면 『문화예술단체의 모금』 은 어떻게 할 것인가?

'문화' 와 '예술' 그리고 '모금'.

단어 하나하나에서 무엇인지 모를 막연함, 답답함, 어려움 등이 느껴진다.

다시 질문을 해본다.

'공연이나 전시를 보고 다른 많은 사람들이 내가 느꼈던 감동을 느졌으면 좋겠다'라고 생각해 본적이 있는가?

아마 한두 번 정도는 있을 것이다. 어쩌면 손을 꼽아가며 세어 볼 만한 다양한 경험이 떠오를 수도 있다. 최근에 서울의 다양한 소시민들의 삶을 그려낸 뮤지컬을 보며 이런 생각을 했었다. 이 공연을 많은 사람들이 보고 나와 같은 감동을 느꼈으면 좋겠다라는 생각과 더불어 이런 좋은 공연을 만든 제작자에게 어떤 식으로든지 격려와 감사를 표하고 싶다는 생각이 들었다. 아마 이런 '문화예술의 수요자들이 문화예술단체들만이 가지고 있는 강력한 잠재기부자가 아닐까'라는 막연한 생각을 해보면서 '『문화예술단체의 모금』을 어떻게 할 것인가?'에 대한 길을 찾아보려 한다.

이에 앞서 현재 우리나라의 문화예술단체의 재정, 모금관련 상황들을 간단히 조사하고, 비교적 문화예술단체의 기금조성이 잘 되어 있는 외국의 사례들을 들어볼 것이다.

이를 바탕으로 한국상황에 맞추어 문화예술단체의 원활한 기금조성을 위해 우리가 집중하여 보고 적용해야 할 것은 무엇인지 간단히 작성해 보도록 하겠다.

문화예술분야 모금의 어려움과 주요 원인

최근 아름다운재단에서 발표한 「기빙 코리아」 보고서를 보면 전체적으로 기부에 대한 인식이 향상되고, 개인의 소액 기부가 늘어나고 있는 특징을 보인다. 하지만, 여전히 대부분의 기부는 자선단체, 종교단체 등 자선 및 사회복지 분야를 위한 것으로 문화예술단체에 대한 기부는 아주 낮은 수준이다. (자선단체 30.29%, 문화예술단체 0.2%)

기업기부는 경제 위기에도 증가하거나 유지하는 패턴을 보이지만 사회복지 분야에서의 증가가 눈에 띄고 문화진흥 분야에 대한 기부는 2006년 7.8%에서 2008년 5.7% 로 줄었다. 한국의 기부문화는 태고부터 현재까지 다른 나라에 비해 월등히 발달해있다는 점이 외국 학계에도 보고되고 있다고 한다. 그럼에도 여전히 문화예술분야에 대한 관심과 지원은 부족한 것이 현실이다.

예술경영지원센터에서 조사[3]한 문화예술단체의 2009년 운영상 애로 요인은 '전반적인 경기 부진'이 가장 큰 요인으로 작용했으며, 그 다음으로 '예산(자금)조달', '관객확보의 어려움'등으로 나타났다.

표 1. 문화예술단체의 2009년 운영상 애로 요인

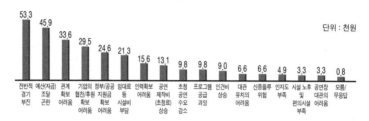

단위 : 천원

2010년 상반기(1~6월) 공연예술 경기전망에서 좋은 이유와 나쁜 이유를 조사하였는데, 2010년도 상반기 경기전망이 좋을 것으로 판단하는 이유는 '초청공연건수 증가', '작품완성도 높음'등의 순이다. 2010년도 상반기 경기전망이 좋지 않은 이유로는 '전반적인 국내경기 부진', '예산(자금)조달 곤란'으로 꼽혔다. 이외, 2009년 하반기 실적이 좋은 이유와 나쁜 이유는 다음과 같다.

표 2. '09년 하반기 실적 좋은 이유와 나쁜 이유

전반적 실적 [좋은 이유 및 나쁜 이유]

'09년도 하반기 실적이 좋아진 이유로는 '관객수요 증가', '작품완성도 높음' 등으로 나타남
'09년도 하반기 실적이 나빴던 이유로는 '전반적인 국내경기 부진', '관객수요 감소' 등으로 나타남

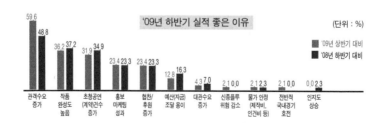

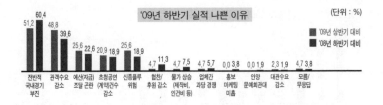

문화예술분야가 유지, 지속적 성장을 하는데 여전히 부정적 평가를 내릴 수 밖에 없는 것은 예상과 다르지 않게 '예산(자금) 조달의 어려움'이다.

호주 문화분야 기부의 특징

외국은 어떨까?

호주에서 발행하고 있는 「기빙 오스트레일리아」에 따르면 1997년 이후 개인 기부가 88% 상승했고 앞으로도 계속 상승될 전망이라고 한다. 하지만 우리나라와 같이 문화분야에 대한 기부는 상대적으로 적다. 그러나 문화분야의 기부를 늘이기 위한 노력은 이미 진행되고 있는 상황이다. 지난 2003년부터 호주예술위원회는 문화분야 기부를 활성화하기 위한 호주 예술후원부서를 만들어 운영하고 있다. 호주 예술후원은 개인, 기업, 투자신탁회사, 재정 관리자 등 기부자를 대상으로 기부 컨설팅을 실시하고 있다. 문화예술단체를 대상으로 하는 각종 펀드레이징 교육과 멘토링도 실시하여 기부금 모집이 어려운 단체를 위한 펀드도 운영하고 있다. 또한 호주 내 기부 관련 단체와의 네트워크를 구성해 문화분야에 대한 기부를 유인하기 위한 다양한 장치를 마련하고 있다. 해당 부서에 따르면 2003년부터 지금까지 약 2천만 호주 달러(한화 약 190억 원)를 견인했다고 한다.

호주 예술후원부서에서는 기부와 관련된 사례별 연구 조사 작업을 진행하기도 한다. 부문 사업별로 사례 보고서를 만들어 배포하면서 문화예술단체들을 자극하는 것이다. 그 중 시드니 오페라 하우스의 기부 프로그램 운영관리자였던 멜리사 스미스가 작성한 「예술 분야의 기부 진작을 위한 최선의 행동」의 내용이 흥미롭다. 이는 뉴욕, 워싱턴, 샌프란시스코, LA, 런던의 총 50개 기관을 방문해 펀드레이징 관련 현업에 종사하고 있는 84명을 만나 인터뷰를 진행하면서 얻은 결론을 정리한 것인데, 호주의 문화예술 기관이나 기부 관련 현업 종사자들에게 필요한 펀드레이징 관련 핵심 지식을 네 가지로 정리하고 있으며 이를 요약하면 다음과 같다.

첫째, 외적인 환경이 펀드레이징 스타일에 영향을 미친다. 따라서 경쟁 환경, 해당 기관의 사회적 포지셔닝을 세분화하고 규명하는 일이 중요하다.

둘째, 펀드레이징 행사를 통한 기부가 장기간 지속적인 기부로 반드시 이어지지는 않는다. 이사회, CEO는 물론 전사적인 층위에서 지속적인 기부를 위해 선행투자 해야 한다. 기관의 경쟁력을 높이기 위한 의지, 지속적인 대화, 멘토링이 내외부적으로 필요하다.

셋째, 펀드레이징 관련 부서의 체계나 운영은 기부의 선순환 구조를 반영하고 있어야 한다. 지속적으로 기부를 모집할 수 있으며 동시에 재원을 확보할 수 있는 창구를 확보해야 한다. 장기적인 수입 및 기부의 관점에서 현실적인 목표를 수립해야 한다.

넷째, 차세대 기부자, 차세대 기부 프로그램 운영자를 확보할 수 있어야 한다. 기관은 새로운 기부자를 모을 수 있는 프로그램과 이를 가능하게 하는 조직 내 인적 자원의 펀드레이징 기술을 육성하는데 투자를 아끼지 말아야 한다.

미국 문화분야 기부의 특징

미국은 민간 기부가 예술단체 재정에서 큰 역할을 담당하고 있는 나라이다. 미국 예술단체들의 연간 수입의 재원을 살펴보면 개인, 재단, 기업 등 민간으로부터 받는 기부가 예술단체 연간 수입의 45%이다. 최근 해외 연구에서는 기부 활성화에 있어서 세제 혜택보다 중요한 변수는 비영리부문의 활성화 정도라고 주장하고 있다. 공공정책 영역에서 민간이 어느 정도 적극적인 역할을 담당하는 사회인지 여부가 민간 기부 활성화에 보다 근본적인 변수라는 의미다. 즉, 미국의 예술에 대한 기부 활성화는 비영리 부문이 발달한 미국사회의 특징과 밀접한 연관이 있다는 것이다. 유럽의 경우 자선, 교육, 의료 등의 공공정책 영역에서 미국만큼 비영리단체의 역할이 크지 않다. 일부 전문가들은 비영리 부문이 발달하지 않은 사회에서 세제 혜택을 부여해도 비영리 부문이 발달한 사회에서만큼 예술에 대한 기부가 증가하지 않을 것이라 주장한다.

그렇다면, 실질적으로 문화예술단체에 기부를 하는 이들은 누구인가? 가장 큰 역할을 하는 개인 기부자들은 대체로 종교나 의료, 복지 등의 다른 종류의 비영리 단체 기부자보다 비교적 연간소득이 높다는 것이 일반적인 정설이다. 전체 미국 가구 중 4.4%만이 예술단체에 기부하는데 이들은 매우 고소득 가정이다.[4] 순수 예술단체에 대한 기부가 기부자의 사회적 성공과 예술적 취향을 반영하는 것으로 여겨지는 것도 기부자의 평균 소득이 높은 이유 중 하나이다.

두 번째 문화예술단체의 기부자 특징은 예술단체의 관람객이다. 즉, 단순히 세금공제를 위해 기부하는 것이 아니라 자신이 즐겨 찾는 예술단체의 발전을 위해 기부를 한다는 것이다. 이는 미국 예술단체 재원 마련의 핵심이라고 할 수 있는 회원(membership) 제도와 정기 관람권(subscription) 제도에서도 잘 나타난다. 대부분 예술단체의 후원자들이 시즌 공연 정기 관람자이기 때문에 이들을 통한 안정적인 모금을 진행하고 있다.

멤버십(membership)은 기부의 규모에 따라 차별적인 혜택을 부여하는 기부 프로그램이다. 소득 공제 인정 외에도 좋은 좌석에 대한 우선권, 드레스 리허설 입장권, 공연장 내 후원자전용 휴게실 사용권, 기부자들만이 참석하는 파티 초대권, 예술단체의 소식을 담은 소식지 혜택을 제공한다. 반면 정기 관람권은 시즌 티켓을 낱개가 아닌 패키지로 판매하는 제도로써 예술단체는 대중적인 공연과 비대중적인 공연을 하나의 패키지로 묶어 판매함으로 비대중적인 공연티켓도 안정적으로 판매할 수 있다. 구매자 입장에서는 싱글 티켓으로 살 때보다 약간의 할인가로 구매할 수 있을 뿐 아니라, 인기 있는 공연의 티켓을 미리 확보할 수 있어 선호된다.

물론 국가, 문화적 배경이 다르기에 이를 그대로 적용하기는 어렵겠지만 우리나라의 문화예술단체 경영진들이 눈여겨 보아야 하는 핵심을 짚은 것 같다.

한국의 문화분야 모금을 위한 과제

한국의 문화예술단체에게 주는 시사점을 정리해 본다면 이렇다.

① 한국의 문화예술단체가 생존하고 성장하기 위해서는 좀 더 적극적인 펀드레이징에 나서야 하며, 재정회계를 투명하게 하고 최신 정보의 습득과 정교한 기획, 마케팅의 전문화가 필요하다.

② 기부시장에서 문화예술단체의 인지도를 높이는 등 문화예술분야에서의 기업 기부 활성화를 위한 전략적 접근이 필요하다.

③ 문화예술단체의 수요자를 잠재기부자로 보고 이들을 위한 후원회 제도나, 정기 관람권 제도 등의 다양한 기부자를 위한 프로그램을 만들고 홍보하는 것이 필요하다.

〈참고자료〉

1. 예술에 대한 민간 기부 확대를 위한 기초 연구-미국의 비영리 세법을 중

   심으로 - 허은영(연구책임)

2. 현업 종사자들이 말하는 펀드레이징 핵심 지식 - 김소연(예술경영지원

   센터 지원컨설팅팀)

각 주 --

1. 본 원고는 2010년 2월 도움과나눔의 뉴스레터에 게재된 내용입니다.

2. 오스카 와일드 (1854~1900년), 소설가

3. (재)예술경영지원센터(박용재 대표)는 수도권 소재 공연시설/공연단체/공연기획
   제작사 122개를 대상으로 공연예술 경기동향을 조사 발표하였다. 조사내용은
   2010년 상반기(1~6월) 전망 및 2009년 하반기 (7~12월) 실적, 운영상 애로요
   인, 공연횟수, 공연가동일수에 대해 중소기업중앙회의 'SBHI(중소기업건 강도
   지수)'를 적용하여 공연예술경기동향지수를 통해 결과를 도출하였다.

4. 허은영 외 「예술에 대한 민간 기부 확대를 위한 기초 연구」 2004년. P. 21 재
   인용

국내 대학의 현주소와
모금의 필요성[1]

김 지 연

들어가며

6월 말 현재 미국 하버드대 기부금 보유액이 349억 달러(약 33조원)로 사상 최대 액수에 달하는 등 전세계적으로 대학들의 모금활동이 활성화되고 있다. 우리나라에서도 CEO형 대학총장의 필요성이 거론되며, 실제로 대다수의 대학들이 기부금을 유치하기 위한 다양한 모금활동을 펼치고 있다.

지난해 취임한 서울대 이장무 총장은 임기 내에 3000억원을 모금하겠다는 공약을 했고, 같은 달 취임한 이화여대 이배용 총장은 대학발전기금으로 1000억원을 모금하겠다고 밝혔다. 총장들의 이런 발언들과 더불어, 연세대에서는 '연세사랑 기금 모금 릴레이', 한국외대에서는 '외대가족 등록금 한번 더 내기', 고려대에서는 '후대사랑 장학금' 캠페인을 시행하는 등 각 대학별로 기부금을 유치하기 위한 다양한 모금상품과 기획들을 발 빠르게 제시하고 있는 중이다.

그렇다면 학문의 메카인 대학들이 왜 기부금을 유치하기 위해 총력을 기울이고 경쟁하고 있는 것인지를 한국과 외국대학들의 현황을 살펴봄으로써 규명해보고 실질적으로 어느 정도 규모의 모금이 필요한 것인지 생각해보도록 하자.

한국대학의 현실

대학들이 기부금 확보에 힘을 쏟는 이유는 국제화, 교육여건개선 등을 통한 국내외 대학경쟁력 제고에 있을 것이다.

대학이 경쟁력을 확보하기 위해 필요로 하는 가장 중요한 요소는 우수인력의 확충이다. 그러나 국내 대학들이 가진 부족한 커리큘럼, 열악한 교육여건 등은 국제명문대학 재학생들이나 국제올림피아드 수상자들 등이 해외유학을 결정하게 만드는 요소가 되며, 이러한 이유로 국내의 우수인재를 해외의 유명대학에 빼앗기는 경우가 빈번해지고 있다. 즉 우수인력 확보 여부가 더 이상 국내 대학 간의 경쟁에만 좌우되는 것이 아니라 국제적인 경쟁력으로 결정지어진다는 것이다.

1) 대학들의 학생 1인당 투자비용

OECD에서 2006년에 발표한 자료에 따르면, 대학이 1년간 학생 1명을 위해 지출하는 금액은 각 국가별로 많은 차이를 보이고 있으며, 한국은 미국의 약 30% 수준, 영국, 독일의 약 60% 수준에 겨우 이르는 것을 알 수 있다.

표 1. 각 학생당 교육 투자 비용 (단위: 달러)

	미국	영국	독일	프랑스	일본	한국
지출 금액	24,074	11,866	11,594	10,704	11,556	7,089

(자료 출처: "Education at a glance 2006-Tables; Educational expenditure per student", OECD)

이러한 투자비용의 차이는 비단 액수의 문제가 아니라, 학생에게 제공되는 양질의 교육환경과 기회의 제공으로 표출된다는 것에서 큰 의미를 가진다. 유명한 석학들과의 수학이 이루어질 수 있으며, 충분한 연구시설의 이용 및 거액의 연구 투자가 가능한 것 등 우수인력에게 더 큰 기회를 부여하고 재능을 발전시킬 기반을 제공해 줄 수 있기 때문이다. 프랑스 주간지 '르 푸앵' 에 따르면, 이러한 투자비용의 차이가 미국과 유럽 대학간의 현저한 경쟁력 격차를 낳고 있다고 분석하고 있다. 또한 이러한 분석에 기반하여 영국의 세계적인 대학인 케임브리지와 옥스포드 역시 기부금 확보에 총력을 기울이고 각종 모금캠페인을 기획하고 있는 실정이다.

2) 연간 예산 및 그 외 지표

서울대 이장무 총장은 미국 주립대인 UCLA의 연간 예산은 3조원이 넘는 등 외국 대학들은 연간 수조원의 예산을 쓰지만, 서울대는 국고 2000억원에 기성회비 1800억이 전부라며, 예산의 규모에 있어서부터 외국대학과의 현저한 차이가 드러남을 지적했다.

또한 고려대에서 발표한 자료를 보면, 국내 대학의 2006년 연간 예산은 고려대 4,936억원, 연세대 5,568억원 등으로 사립대 역시 외국 유수 대학에 비교하여 매우 적은 재정규모를 가지고 있음을 알 수 있다. 이와 함께 교육의 질적 상황을 보여 줄 수 있는 지표인 학생 대비 교수비율을 살펴보면, 서울대는 교수 1인당 학생 17.8명, 고려대 28.3명, 연세대 23명 등으로 하버드대 14.3명, 스탠포드대 8.4명 등에 비해 열악하다는 것을 알 수 있으며, 연구비 규모에서는 고려대 7천 4백만 달러, 하버드대 10억 7천만 달러, 스탠포드대 9억7천5백만 달러로 매우 큰 차이가 있음을 관찰할 수 있다.

3) 대학재원 구성과 2006년 기부금 액수

이상적인 대학재원의 구성은 등록금 1/3, 교수들의 외부 연구자금 수입 및 재단 지원금 1/3, 기부금 확보에 의한 재원조달이 1/3을 구성하는 것이라고 한다. 이러한 구성은 대학이 어느 한 쪽에 치우치거나 눈치보지 않고 균형적으로 운영해 나갈 수 있음을 의미하기도 한다. 하버드대의 경우 2006년 운영예산의 1/3에 해당하는 11억 달러를 기부금으로 충당했으며, 이 외 해외명문대의 경우에도 모금에 의해 형성되는 재원이 전체 20% 이상 달하고 있다.

그러나 한국대학신문(2007.09.10)의 자료에 따르면, 2006년 한국 사립대학교의 등록금 의존율은 77.4%나 되는 것으로 밝혀졌고, 전체 운영수입 총액에서 차지하는 기부금 의존율은 77.4%나 되는 것으로 밝혀졌으며, 전체 운영수입 총액에서 차지하는 기부금 비중은 4.1%, 국고 보고금은 1.5%, 법인(재단) 전입금 비중은 0.9%로 나타났다. 즉 정부 지원금의 축소, 적은 기부금 규모 등으로 인해 대학의 등록금 의존비율은 점점 더 확대되어 가고 있으며, 이를 해결하기 위한 대학의 입학정원수 확대 계획은 더욱더 등록금 의존율을 높이고, 또한 교육의 질적 저하현상을 유발하고 있는 것이다. 그러나 장기적으로 대학의 정원수에 비해 고등학생의 수가 점차 감소되고 있는 현상을 고려하고 외국 대학의 인재확보를 위한 경쟁력 심화현상을 인지한다면 등록금의 높은 의존도는 하루빨리 극복해야 할 사안이라고 보여진다.

2006년 기부금 유치 액수를 구체적으로 살펴보면, 스탠포드대 약 9억1천만 달러, 하버드대 약 5억 9천만 달러, 예일대 약 4억2천만 달러 등으로 같은 기간 동안 한국 주요 대학들, 고려대(약 234억원), 연세대(약 273억원)와 비교해 20배 이상의 차이가 나고 있다(고려뉴스 2007. 05.08). 이러한 현상은 이들 대학을 제외한 중소규모의 국내 대학을 중심으로 살펴보면 더욱 큰 차이를 보일 것이다.

한국대학의 경쟁력 향상을 위한 방안

국내외 대학 간의 격차를 줄이고, 우리 대학들이 장기적으로 교육환경의 개선과 우수인력의 확보를 통한 대학 경쟁력을 확보하기 위해서는, 무엇보다 이를 감당할 수 있는 재원의 확충과 과감한 재정구조개편이 함께 이루어져야 할 것이다.

1) 기부금 확충을 통한 경쟁력 제고

재원의 확보를 위해 무엇보다 현 시점에서 필요한 것은 모금을 통한 기부금의 증대와 전체 재원구성에 있어서 기부금 비율 확대라 할 수 있다. 이는 재원을 구성하는 다른 요소들이 제한적이고 한계적인 측면을 포함하고 있다면, 기부금 확충은 이에 비해 가변적으로 유동적인 요소를 충분히 내포하고 있기 때문이며, 또한 사회적으로 기부에 관한 개인들의 성향이 예전에 비해 충분히 긍정적으로 확산되어 있는 상황임과 동시에 교육발전과 사회공헌의 측면에서 기부를 권유하고 요청할 수 있는 분위기가 어느 정도 성숙되어 있기 때문이라 할 수 있다. 대학이 어떤 장기적인 비전을 가지고 구체적인 계획을 마련하느냐에 따라, 또한 얼마나 열성적으로 기부금 확충을 위해 발로 뛰느냐에 따라 모금 액수와 이로 인해 성장할 수 있는 대학의 발전가능성은 충분히 달라질 수 있다.

예를 들어, 고려대학교의 2007년 자금예산총액은 약 5,589억원(사립대학 회계회계정보시스템, 교비자금예산서)이고, 이 중 등록금비율은 약 3294억원, 즉 59%에 달하고 있다. 또한 고대뉴스 3월 21일자에 따르면 올해 고려대의 목표 기부금액은 509억원으로 전체 예산의 약 9%를 차지한다. 그러나 장기적으로 등록금의 의존비율을 낮추고 균등한 재정구조를 갖추기 위해서는 예산 대비 최소한 20% 이상(약 1,100억원)의 기부금 확보가 필요한 것으로 보인다. 이는 2006년 모금액 234억원의 약 4,7배 이상의 규모로 결코 만만한 것은 아니다.

명확한 장기적 발전계획을 기반으로 한 모금명분과 총장을 비롯한 리더십들의 노력과 열정이 필요한 것은 물론이며, 이와 더불어 전문적인 모금조직구조가 필요하다. 예일대의 경우 400여명의 펀드레이저가 있고 이들이 각자 매해 10억원 이상을 모금하고 있다. 한국 대학의 경우 아직 전문적인 모금부서가 존재하고 있는 곳도, 전문적인 펀드레이저를 활용하고 있는 곳도 매우 드물다. 그러나 이들의 역할이 기부금 유치와 확보를 위해서는 앞으로 더욱 더 중요해질 것은 확실하다. 조직구조의 개편과 이를 통한 기부금 유치의 확대, 그리고 장기적인 재정구조의 변화가 모두 함께 이루어져야 한국 대학의 국제적 경쟁력 확보를 위한 기반이 마련될 수 있을 것이다.

2) 기타

이와 더불어 빠른 시간 내에 대학이 학생 1인에게 투자하는 비용이 최소한 10,000 달러는 넘어가도록 예산을 확충하여 유럽의 대학과 비슷한 수준이 될 수 있도록 해야 하며, 교육의 질적 측면의 향상, 즉 교수/학생비율의 감소, 커리큘럼의 개발, 연구 투자의 확대, 세계 유명석학의 초빙 등이 이루어질 수 있도록 해야 할 것이다. 이를 위해서는 국내외에 대학의 우수성을 알리는 과감한 홍보와 함께 해외의 유능한 인재를 발굴해 낼 수 있는 능력도 요구된다고 할 수 있다.

또한 국가적인 차원에서의 지원도 필요할 것이다. 국내 대학의 경쟁력을 키우기 위한 연구개발의 네트워크 형성 혹은 집중지원분야의 증대 등을 통해 기본적인 인프라가 충분히 확보될 수 있도록 뒷받침해주는 역할이 필요하기 때문이다.

나가며

현재 대학은 살아남기 위해 끊임없이 변화 중이며 다양한 각도에서 개혁을 진행해나가고 있다.

더 우수한 인재를 확보하기 세계적으로 대응할 수 있는 대학의 경쟁력을 향상시키기 위해 끊임없이 노력하고 있는 것이다.

대학이 가진 잠재성을 더욱 부각시키고 그것을 실현해 나가는 방법의 하나가 바로 모금을 통한 재원이 확충과 이것을 기반으로 한 우수인재의 확보, 교육의 질 향상이다. 국내 대학이 세계적인 대학으로 발돋움할 수 있도록 전문적인 모금전략 개발과 실천이 요구되며, 내외부의 협력과 노력이 절실히 필요한 시점이 바로 지금이다.

각 주 ---------------------------------------

1. 본 원고는 2008년 도움과나눔의 뉴스레터에 게재된 내용입니다.

소규모 단체들의
모금 방법[1]

배 은 옥

소규모 단체들의 모금 특성

점점 가속화 되는 경쟁적 모금 상황 속에서 소규모 비영리 단체들이 성공적으로 모금을 수행해 내기란 생각보다 쉽지 않다.

일반적으로 비영리 단체 가운데

① 단체의 설립 역사가 10년 이내로

② 상근자 수 3~5명 정도

③ 사업비 포함 연간 재정 규모 3~5억원 수준

④ 정기 후원 회원 500명 이내

의 비영리 단체를 '소규모 비영리 단체'라고 분류한다. 이는 단체의 실제적인 사업의 수준이나 단체가 가지고 있는 사회적인 영향력 등과는 별개로 '규모'면에서 정의하는 것이다.

이와 같은 소규모 단체들은 효과적인 모금을 하기에 여러 가지 한계들을 가지고 있다. 현실적으로 제한된 재정과 인력을 가지고 모금 설계를 진행하기 때문에 모금 효과 또한 큰 기대를 가지기 어렵다. 결과적으로 소규모 단체들이 '효과적인 모금'을 하기 위해서는 단체가 가진 외적, 내적 자원을 가장 효율적이고 효과적으로 연계해서 활용할 수 있는 방법을 찾아내는 것이 성공적인 모금 실행의 최대 관건이라 할 수 있을 것이다.

우선순위 정하기

소규모 비영리 단체가 모금을 하기 전에 가장 먼저 해야 할 일은 단체가 행하는 다양한 모금 활동을 대상으로 다음과 같이 우선순위를 결정하는 것이다.

1. 해야만 하는 것	2. 할 수 있는 것
3. 하고 싶은 것	4. 할 수 없는 것

단체에 따라서 우선순위에 대한 중요도나 순서를 다르게 정할 수도 있다. 각 단체는 모금을 위한 우선순위를 결정하는 과정을 통해

서 단체가 내외부적으로 처한 상황에 대한 자연스러운 성찰과 활용 가능한 자원들에 대해서 솔직한 논의를 하게 된다. 단, 이 과정은 일부 리더들이나 실무자들끼리만 논의해서는 안되며 전 직원의 공감과 동의가 반드시 필요하다.

주요 방법

모금에서 소규모의 비영리 단체들이 공통적으로 가지고 있는 가장 어려운 부분 중 하나는 특히 비용에 대한 부담감이다. 재정 규모를 적게 하고 최적의 효과를 볼 수 있는 모금 방법은 주로 어떤 것들이 있을까?

1) 저비용과 고효율

사전에 충분히 알려진 모금 캠페인은 성공할 확률이 높아진다. 잠재기부자들에게 단체의 이름이나 단체가 지금 집중하고 있는 사업에 대해 적극적으로 홍보하기 위해서는 대중매체(지상파 TV, 케이블, 라디오, 신문 등)를 통한 대대적인 광고가 가장 효과적일 수 있겠지만 비용이 너무 비싸기 때문에 소규모 비영리 단체로서는 이렇게 하기 어려운 일이다.

이럴 때 비용 면에서 저렴한 Online 홍보로 모금 홍보가 가능하며, 잠재기부자들의 적극적인 참여 또한 이끌어 낼 수 있다.

간단한 동영상을 제작하여 잠재기부자들에게 CD로 배포하거나, 유투브, 해피빈, 카페, 아고라 등을 통한 홍보, 블로거들에게 적극적인 홍보를 요청할 수 있다. Online을 통한 지속적인 이슈 노출 등은 적은 비용으로도 효과적인 사전 홍보가 가능하다.

또한 많은 회원들을 보유하고 있는 단체들과 협의하여 정기적으로 모금 준비사항을 E-mail로 보냄으로써 잠재기부자들에게 모금에 대한 사전 정보를 줄 수 있다.

기부에 참여한 사람들에 대해서는 단문메시지(SMS)를 통한 회원 참여 감사, 성공적 기부 내역 확인, 안부 인사, 각종 사업 안내 등을 통하여 효과적인 기부자 관리를 위한 방법으로 활용할 수 있다.

2) 자원봉사자와 함께하는 모금

단체의 사업에 참여한 다양한 사람들 가운데 자원봉사자 그룹을 분류하여 활용하면 적은 비용으로도 큰 효과를 만들어 낼 수 있다. 이때 가장 중요한 것은 자원봉사자들에게 정확한 역할을 주는 것과 그 역할 수행에 대한 책임감을 가지도록 잘 교육하고 훈련하는 것이다.

자원봉사자들을 교육하고 훈련하는 과정은

① 기관의 자원봉사자들을 연령대별로 분류하고 대상자 수를 파악함

② 각 연령대별 자원봉사자들이 기관의 주요 사업 중에 가장 관심 있어 하는 분야 확인

③ 기관의 미션, 지향하는 사업의 내용, 필요로 하는 자원봉사자들의 업무 영역을 교육

④ 자원봉사자에게 개별 역할을 부여함

⑤ 개인별 실제 업무 수행 과정 점검

⑥ 결과 평가

로 진행할 수 있다.

일반적으로 비영리 단체에서 자원봉사자들을 활용할 때 비교적 업무 비중이 낮거나 중요도가 떨어지는 역할만 주는 경우가 있는데 이보다는 훨씬 적극적인 의미의 자원봉사자 활용 방법이 필요하다. 실제로 단체와 오랫동안 알아왔고, 사회적으로 일정 수준 이상의 지위를 가지고 있는 사람들의 경우 자신과 비슷한 수준의 사람들에게 훨씬 자세하고 적극적으로 단체를 홍보하고 기부에 참여하도록 독려하는 경우가 많이 있다.

자원봉사자들이 단체 사업에 참여하는 경우가 많아지고 참여 수준

이 깊어질수록 단체에 대한 애정의 질도 높아지게 된다. 아울러 단체의 입장에서도 인력의 부족 때문에 시도하지 못했던 다양한 영역에서 잘 훈련되고 경험이 많은 자원봉사자들과 함께 모금을 진행함으로써 사업을 더욱 다양하고 풍성하게 계획해 볼 수 있을 것이다.

3) 지역 주민들을 움직이게 하는 모금

소규모 단체들 가운데 지역에 연고를 두고 사업을 시작하는 단체들이 많이 있다.

지역에 따라 시민들의 성향에도 다양한 차이가 있기는 하겠지만 대부분의 경우 지역 주민들은 단체가 지역 공동체에 끼치는 실제적인 유익이 무엇인지에 대한 관심이 가장 크다. 소규모 비영리 단체들은 이러한 점을 착안해 지역 속에 뿌리 깊이 내릴 수 있는 방법을 최대한 개발하여야 한다.

어떤 경우는 그 지역에서 이미 10년 가까이 사역을 하고 있는 단체들이라 할 지라도 실제로 그 지역 거주민들에게는 단체가 전혀 알려지지 않은 경우도 많이 있다. 전국 규모의 대중에게 효과적으로 접근할 수 있는 홍보 방법은 주로 On line을 활용하는 방법을 사용할 수 있겠으나 한정된 지역 주민들과의 소통을 위해서는 적극적인 면대면 방법이 훨씬 효과적이다. 작은 규모의 이벤트를 마련해서 지역 주민들을 단체 사무실로 초대하는 것은 단체에 대한 친밀도를 확실하게 향상 시키는 방법이다.

지역에 기반을 둔 소규모 비영리 단체의 모금 사례 가운데 가장 시사점이 많은 경우는 부산 반송동의 '느티나무 도서관'을 들 수 있을 것이다. 주변 지역 가운데서도 상대적으로 낙후된 부산의 반송동이라고 하는 지역에 방과 후 아들을 위해 '갈 만한 곳'을 만들자고 하는 것이 지역 주민들과 단체(희망세상)의 가장 큰 열망이었다.[2]

결국 지역 주민들의 자발적인 참여가 거액 모금을 가능하게 했고 또 그 지역 주민들은 오랜 꿈을 이루게 된 셈이었다.

이 성공적인 모금 사례를 위해서 '희망세상'은 그 지역에 있는 주민들을 '내 편'으로 만들기 위해서 얼마나 많은 공을 들였는지 이야기하고 있다. 단체 편에서의 이러한 적극적인 소통 의지는 지역 내의 리더들이 자발적으로 움직이게 하는 가장 중요한 원동력이 된다.

각 주 ---------------------------------------
1. 본 원고는 2010년 1월 도움과나눔 뉴스레터에 게재된 내용입니다.

2. http://ubin.krihs.re.kr/2009/php/cityis/makecity_con.php?no=590 (기사참조)

소규모 지역 단체가 성공적인 모금을 위해 갖추어야 할 필수 요건[1]

정 지 혜

소개

소규모 지역 단위 단체들이 포럼이나 세미나에서 관심이 높아지고 있는 분야는 자금 조달을 어떻게 하느냐이다.

이런 단체들이 하는 가장 큰 실수는 제일 먼저 기부할 만한 가능성이 있는 곳에 접근할 방법 등과 같은 단발적인 정보를 얻으려고 노력하고, 정보를 얻은 후에는 잠재기부자에게 자신들이 얼마나 시급하게 자금이 필요한지를 그 즉시 알리는 행동을 한다는 것이다. 그러나 이런 것은 자금을 모으기는커녕 대개는 단체에 손해를 입히며, 오히려 단체의 적을 만들 수도 있음을 알아야 한다.

독일 컨설턴트 Jayne Cravens는 이런 현실에 처한 소규모 비영리 단체들이 모금을 하기 위해 갖추어야 할 필수 요건들을 정리했고, Aid Workers Network사람들이 편집과 수정 작업에 협조했다.

 이 글은 소규모 지역 단체들이 모금할 때 고려해야 할 가장 기본적인 지침들을 제공하며, 그 외 활용 가능한 구체적인 자원들도 언급한다. 그러나 이 지침이 반드시 성공을 보장하는 것은 아니다. 자금을 지원해 주는 개인 및 기관 또는 기업들은 각기 다른 심사 및 평가 기준과 요구 사항들을 가지고 있다. 그러므로 성공적인 모금을 원한다면, 각기 다른 자금처에 대해 한가지 동일한 전략을 적용하는 것은 불가능한 일이다. 이 지침을 숙지하더라도 각 단체들은 지속적으로 자기 단체의 잠재 기부처를 리서치해야 하며 그들의 개별적인 요구 사항을 연구해야 한다.

 문제점

 지역단위 단체들의 사업은 수많은 사람들의 삶이 달린 아주 중요한 것들인 경우가 대부분이다. 그러나 이런 단체들의 모금은 여러 가지 이유로 어려움을 겪고 있다.

① 부족한 지역자원을 많은 단체들이 경쟁해서 가져가야 하는 현실

② 국제적인 자금처들은 지역 단위 단체들에 직접 기부하기를 주저한다. 작은 지역단체는 책임성, 투명성, 신뢰도 등이 상대적으로 떨어진다는 인식과 자금을 전달하는 방법 및 높은 세율에 대한 이유 때문이다.

③ 어떤 단체들은 자금처가 주로 사용하는 자금 전달 방식이나 방법에 대한 절차를 고려하지 않거나 그것을 받쳐줄 재정적 구조가 열악하다. 점점 많은 단체들이 기부자 중심의 시스템으로 단체의 시스템이나 구조를 변경하고 있는 요즘 이런 변화 없이 자금을 받기는 어려울 것이다.

모금할 때 지양해야 할 행동사항

① 인터넷 상의 커뮤니티에 글을 올리거나 편지에 씀으로 돈에 대한 기부를 즉각적으로 호소하는 방식. (이 방식으로는 기부를 받을 수 없음. 일회성으로 받을 수도 있으나 대개는 단체의 신뢰도를 떨어뜨리고 잠재기부자들에게 불쾌감을 유발할 수 있음)

② 오타 투성이의 소식지 발송.

③ 모든 글씨를 볼드(굵게)체로 쓰는 것.(이것은 온라인상의 글이나 인쇄물을 이용해서 소리지르는 것과 같음)

④ 포기- 첫 번째 시도에서 실패했다고 하더라도 계속해서 시도해야 한다. 기부자들이 요청을 거절한 이유에 대해 잘 연구하고, 다음 요청을 위해

한층 개선된 정보와 방법을 사용해야 한다. 만약 기부 거절의 이유에 대해 알 수 없다면, 정중히 그 이유가 무엇인지 물어봐야 한다. (당신이 다음번에는 새겨듣고 개선하겠다고 답할 것) 같은 기부자에게 여러 번의 요청으로 조르는 것은 삼가야 한다. 그러나 단체가 그 사업이나 행정 시스템 등을 개선했고, 기부자에게 맞게 조정했을 경우, 다시 한번 거절했던 잠재기부자와의 접촉을 시도해 볼 수 있다. 그리고 단체의 제안서가 이전에 거절당했던 것과 어떻게 다른지를 강조하는 것이 좋다.

모금을 위한 첫 단계 - 네트워킹 & 신뢰도 세우기

대부분의 기부자들은 지역 단위 단체의 기부요청에 응답하기 이전에 그 단체들이 신뢰할만한지 알고 싶어한다. 신뢰도를 세우는 것은 돈이 드는 일이 아니다. 시간과 노력, 개인적 주의가 필요한 일이다.

앞서 언급했듯이 대부분의 소규모 지역단위 단체들은 네트워킹이나 신뢰도를 쌓기 이전에 잠재적인 모금할 수 있는 곳의 정보만 알아내려고 하고 정보를 습득한 후에는 즉각적인 기부를 요청하기에 급급하다. 그러나 이런 행동은 자금을 받기는커녕 단체에 해를 입힌다.

1) 성공적인 모금을 위한 첫 번째 활동

네트워킹 :

자기 단체가 속한 지역의 타 단체들과 국제 단체 대표들, UN 각 지부, 그 지역의 중소 또는 큰 기업 사장들과 좋은 관계를 형성해야 한다.(공식 또는 비공식적으로) 왜냐하면 이미 네트워킹이 형성되어 있을 때, 누군가가 위에서 언급한 곳의 사무실 중 한군데를 방문해서 여러분의 단체에 대해 묻는다면, 그들이 여러분 단체에 대해 알고 있는 바를 잘 답할 수 있을 것이기 때문이다. 예를 들어 그 단체가 존재해야 할 이유, 잘 하는 사업 등에 대해서 말해줄 수 있을 것이다. 지역 내에서 관계 형성을 잘 해야 하는 이유는 이런 류의 상황이 종종 발생하기 때문이다.

① 타 단체 또는 기관 협력 사업을 할 수도 있고, 그를 통해 자금을 받을 수도 있다.

② 비영리 단체의 사업에 사용될 수 있는 자금이 생겼을 경우, 위에서 언급한 기관들이 네트워킹을 통해 형성된 관계를 바탕으로 여러분의 단체에 접촉을 해서 이 내용을 알려줄 수 있다.

2) 네트워크 형성을 위해 지역 내에서 활용할 수 있는 것

① 지역 내 리포터나 미디어(신문, 라디오 등)

② 지역 내 기업체 임원

③ 지역 내 UN사무소(UNDP, UNICEF, UNESCO, ITU 등)

④ 지역 내 유명하면서 평판이 좋은 국제 단체 사무소 (OneWorld, Save the Children, Oxfam, World Vision, MercyCorps, Doctors Without Borders 등)

⑤ 지역 내 다른 비영리 단체

⑥ 지역 내 종교집단

⑦ 지역 내 대학

⑧ 지역 내 국제 자원봉사단

⑨ 지역 내 모든 종류의 협회 (중소기업 협회, 비영리 단체 협회 등 - 공식적 또는 비공식적으로 형성된 모든 종류의 협회)

⑩ 지역 내 대사관 및 영사관

⑪ 지역 내 관공서

가능할 때마다, 일대일 대면으로 이런 사람들을 만나서 단체가 하는 일을 알려야 한다. (이 때 자기 단체에 필요한 사항들에 대한 강조는 삼가야 한다. 대신에 현재 진행 중인 좋은 사업을 소개하고 왜 이 사업이 지역 내에서 중요하고 필요한지에 대해 알려야 한다.) 이런 기관들의 대표들을 단체로 초청/방문케 하여 사업의 진행 상황을 직접 보게 하는 것도 좋다. (한번 이상은 꼭 초대할 것. 초대 시 반드시 단체 소개 인쇄물을 준비할 것. 단체를 대표하는 사람들은 이런 기관들의 행사나 초대에 적극적으로 참여해야 함)

이런 활동을 통해서 모금을 위한 기초를 다질 수 있다. 네트워킹을 형성하고 단체의 이미지를 알리는 활동을 통해 자금을 받을 수 있는 기회를 전폭적으로 증가시킬 수 있다.

MOU, 협력사업 또는 자원공유 등을 통해서도 타 지역 공공 조직이나 협회, 기관들에까지 접촉할 수도 있다. 잠재적 자금처는 이런 협회나 기관을 통해 우리 단체의 활동을 지켜볼 것이다.

그러나 기억해야 할 것은 네트워킹이 형성되기 시작하면, 절대로 먼저 자금부터 요청해서는 안 된다. 물론 자신의 단체가 얼마나 절박하게 후원이 필요한지도 설명해서는 안된다. 네트워킹의 목적은 단체의 이미지를 긍정적으로 세워나가고 사업의 질을 좋게 하며, 자신의 단체가 합법적이며 신뢰할 만하고 기부할 가치가 있다는 것을 입증하는데 있고, 그렇게 해 줄 기관 및 사람들과의 네트워킹을 확장하는 데 있음을 잊지 말아야 한다.

탄탄한 신뢰도 세우기

앞서 말한 네트워킹에 관한 팁은 자기 단체 이미지를 세워나가는데 도움을 줄 것이다. 그러나 단체가 여력이 있다면 몇 가지를 더 시도해 볼 수 있을 것이다. 아래 사업 중 몇 가지는 지역 내에서 할 수 없을지도 모르며, 또는 이런 사업을 할 자금이 부족할 수도 있다.

공식적 네트워크 및 협회 회원

전국적으로 지역마다 있는 단체들의 협회나 네트워크를 찾아보고, 만약 형성된 곳이 있다면 그 곳의 회원이 되는 것이 좋다. 그러면 자기가 속한 지역 뿐만 아니라 타 지역 기관들을 접촉할 수 있고, 그 안에서 앞서 언급한 형태의 네트워킹을 형성할 수 있을 것이다.

온라인 프로필 자료

구글에 단체의 이름을 입력하고 검색하면 무엇을 볼 수 있을까? 자기 단체의 웹사이트가 나타날 수도 있고 단체의 사업이 두드러진 기사가 올라올 수도 있고, 부정적인 내용이 있을 수도 있다. 온라인상의 프로필은 단체의 신뢰도를 높이거나, 떨어뜨릴 수 있다. 많은 기부자들이 기부를 요청하는 제안서를 받았을 때, 구글(또는 네이버)로 당신 단체를 검색할 것이고, 단체 대표의 이름 뿐 아니라 올라오는 모든 것을 검색할 것이다.

그뿐 아니라, 그게 관계된 모든 정보를 다른 웹사이트에서 볼 수도 있다. 자원봉사자와 함께하는 사업이 있다면, 그들이 어떻게 사업을 도왔는지를 글로 써서 올리는 것이 좋다. (특히 그들이 단체 사업을 진행할 때 어떻게 도움이 되었는지를 중심적으로 기술할 것) 또는 단체의 이야기를 온라인상에 올려라. 이런 활동을 매년 한두 번 하다보면 온라인상에서 단체를 잠재 기부자에게 알릴 수 있는 좋은 기회가 된다.

내용이 명확하고 사용이 편한 웹사이트 구축

자금을 얻기 위해서 웹사이트를 구축하는 것이 필수적인 요건은 아니다. 그러나 웹사이트가 있으면 도움이 된다. 만약 단체에 웹사이트가 있다면,

- 영리기관(기업체)에 홍보가 용이하다.
- 오타의 수정이 용이하다.
- 간단하게 디자인 할 수 있다. (불필요한 번잡스러운 이미지 대신)
- 다양한 형태의 검색 창을 통한 접근이 가능하다.
- 단체 예산을 요약 정리한 자료, 단체 정보, 주소, 조직도 등을 올리는 것이 좋다.

아카데믹한 내용이 있는 프로필

반드시 필요한 것은 아니다. 그러나 단체 정보가 대학에서 발표하는 문서에 언급되면, 자기 단체의 신뢰도를 높이는데 도움을 줄 수 있다. 물론, 일의 우선순위를 따졌을 때 학문적인 리서치 프로젝트에 참여하는 것이 항상 가능하진 않다. 그러나 기회가 있거나 그런 요청을 받았을 때 참여해 보는 것도 좋다. 단체의 신뢰도나 투명성 등을 자기 단체에 투자하는 기관에 알리고 높이는데 도움을 줄 것이다.

다시 말하지만, 이런 활동들은 지리상으로나 지역적 특성의 이유로 당신이 속한 단체에는 적용하기 어려울 수 있다. 또는 이런 활동에 연관된 자금은 받고 싶지 않을 수도 있다. 그러나 이것은 기억하는 것이 좋다. 잠재 기부자들은 당신의 단체가 자원이 부족하여 웹사이트를 구축하지 못한 것은 이해할지도 모르나, 웹사이트에 계속해서 나오는 오타는 이해하지 못한다는 것. 또는 온라인상에 돌고 있는 당신 단체의 부정적인 견해들을 그냥 단순히 보고 넘어가지 않는다는 것을 말이다.

각 주 --

1. 본 원고는 2008년 5월 도움과나눔 뉴스레터에 게재된 내용입니다.

본 내용은 2006. 6. 26 Jayne Cravens (www.coyotecommunications.com)에서 원문을 볼 수 있음)에 의해 작성된 원문을 번역 정리한 내용이다. (Aid Workers Network(www.aidworkers.net)의 자원봉사자들이 함께 공헌함) - 이 문서는 번역 및 수정 등으로 활용 가능하나 본래 원고 작성자와 협조자들을 반드시 명시해야 한다.

한국형 집중거액
모금캠페인의 사례

보성전문학교 개교 30주년 모금캠페인

이 원 규

집중거액모금캠페인(capital campaign)은 고등교육기관이 일반적으로 추진하는 효과적인 모금 유형의 하나로 미국은 물론 유럽과 아시아의 많은 대학들이 이 모금 방법을 활용하고 있다. 이 유형의 모금캠페인은 100여 년 전 미국 하버드대학교에서 처음 체계화된 것으로 알려지고 있으며, 우리나라에서도 대학들이 모금에의 적극성을 띄기 시작하면서 최근 주목을 받고 있다.

이 땅에서도 이미 70~80여 년 전에 근대적인 형태의 집중거액모금캠페인이 추진되어 우리 모금캠페인의 전통을 형성하고 있다. 당시에는 capital campaign이라는 용어를 사용했는지, 일련의 계획과 집행 과정을 지금의 프레임처럼 정교하게 적용했는지는 모르지만 1930년대를 전후하여 교육기관의 모금캠페인이 일종의 유행처럼 번져 나

갔다. 그 대표적인 사례들이 국채보상운동, 민립대학 설립운동, 가톨릭성모병원 건립, 보성전문이나 연희전문 등의 개교기념 모금캠페인 등이다.

이 중에서 한국형 집중모금캠페인으로 세간에 알려져 있으면서 과거 모금 과정을 자료를 통해 확인할 수 있는 보성전문학교(현 고려대학교)의 개교 30주년의 모금캠페인을 집중거액모금캠페인의 프레임으로 살펴 보고 시사점을 얻고자 한다.[1]

강력한 모금캠페인 명분과 프로젝트

보성전문학교(이하 보전)은 1905년 대한제국 황실의 지원으로 설립된 교육기관으로 1935년에 개교 30주년을 맞이하게 된다. 당시 보전은 관이 아닌 민간이 운영하는 전문학교로서 최고의 학부였고 그 위상과 역할을 제고하기 위해 학교 설립 30주년 기념사업의 하나로 모금캠페인을 추진하게 된다. 모금캠페인의 골자는 당시 돈으로 30만원을[2] 모금해 도서관, 대강당, 체육관을 건립하고 대량의 도서를 구매한다는 것이었다.

보성전문학교 창일삼십년 기념사업발기준비

동아일보 1933.10.3

시내 송현동에 있는 보성전문학교는 얼마전부터 시외 동대문 밖 안암리에 6만
여평의 새기지를 정하여 새교사의 공사를 방금 착착 진행하는 중 또 다시 기쁜
소식잇다. 동교는 창립된지가 금년이 벌서 삼십주년에 당한다는바 동교를 중
심으로 사회각방면의 인사는 창립기렴사업으로 특히 의의잇는 사업을 하여보
자는 의론이 잇게되어 도서관 대강당 체육관 등을 건설하여 보자하야… **(중략)**
전조선 모집구역으로 한 삼십만원의 기부금모집허가원을 조선총독에게 제출
하였는 바 지난 9월26일에 정식으로 지령이 나왓다는 데 동기렴사업발기준비
원 일동을 방금 여러방면으로 활동을 하고 있는 중이고 발기인 승락서가 수집
되는대로 근근 발기인 대회를 열기로 되엇다고 한다.**(후략)**

　일제가 3.1운동 이후 '문화통치'라는 모토를 내세웠던 1930년대는
한민족에 대한 교육을 제한적이나마 확대하는 시대였다. 특히 오래
전에 시작된 민립대학 설립운동이 결실을 맺지 못한 상황에서 대한
제국 황실의 의지가 반영된 학교라는 정통성을 기반으로 30년의 역
사를 이어오던 보전이기에 당시 어려웠던 경제, 사회적 여건임에도
불구하고 '민족을 대표하는 학교'라는 명분으로 대규모 모금캠페인을

펼칠 수 있었다. [3]

또한 보전의 개교 30주년 기념사업과 모금캠페인은 전문학교에서 종합대학으로의 발전과 승격을 명분으로 천명했다. 30주년 기념사업회 발기문에서 김성수는 당시 법과와 상과의 두 개 학과로 운영되던 보전을 종합대학으로 발전시켜야 하는 책임이 동포에게 있음을 역설하고 그를 위한 기반시설로 도서관과 강당 등의 시설 확장을 추진하게 된다. 이것이 대외적으로 가장 큰 명목적인 모금 명분이었음이 분명하다.

보성전문학교 개교30주년 기념사업 발족 취지문(1933년 7월)

내일의 사회가 요구하는 인재를 양성하는 민간최고학부이어야 할 보전임을 생각할 때 현재의 보성전문학교의 시설만으로는 흡족치 못함을 느끼는 동시에 일반 동포는 큰 책임을 깨닫지 않을 수 없습니다. 그것은 이 학교로 하여금 현재의 법-상 양과 이외에 문-리-의-농-공 등의 제과를 포함한 종합대학으로 향상케 하여 명과 실이 다 조선문화의 원촌이요 조선인재의 연총이 되게 함입니다.(일부 인용)

모금캠페인의 목표액은 30만원이었으며 완료 예정기간은 1934년 12월 말일까지였다. 주요 프로젝트는 전술한대로 도서관(10만원), 대강당(6만7천원), 체육관(3만원) 건립과 도서구입(10만원)이었다. 놀라운 것은 도서구입에 도서관 건축 비용에 해당하는 규모를 책정한 것이다. 최종적으로는 도서관과 도서 구입 그리고 대운동장으로 변경되었으니 보전 모금캠페인의 핵심 프로젝트는 '도서관'이라 할 수 있다.

도서관의 건축계획은 석조 2층으로 연건평 5백평이었으나, 1937년 준공 시에는 석조 철근 콘크리트로 3층의 고탑건물이 되었다. 총 공사비는 21만원이 소요되었으며, 건평 295평, 연평 943평으로, 260명 수용의 보통열람실, 서적 20만권 수용의 서고, 특별열람실, 신문잡지열람실, 전람회실, 참고품진열실, 사무실 6개, 교수연구실 30개 들어선 대형 건물로 모습을 드러냈다.

도서관 건축 예산이 초기 계획에서는 10만원, 설계 시(1935년 11월)에는 17만원, 결국에는 21만원으로 급격히 늘어난 점과 대강당이나 체육관을 건립하지 못한 것을 보면, 총액 30만원이라는 모금 목표액이 세밀한 조사 과정을 거쳤다기보다는 개교 30주년이라는 시간적 명분에 액수를 맞춘 것이 아닌가하는 판단이 든다.

모금 조직 구성과 리더십 활동

 보전은 개교 30주년 사업과 모금캠페인을 위해 1933년 11월(개교30주년 기념일 약 1.6년 전)에 창립30주년기념사업회를 발족한다. 기념사업회를 정식으로 발족하기 전인 1933년 10월에 이미 발족위원은 250명을 넘었고, 그 해 11월4일 발족 시에는 464명에 이르렀다. 이 중 90여 명이 참석하여 기념사업회를 창립하였고 57명의 실행위원 그리고 실행위원 중 대표위원 1인(윤치호)과 상임위원 9명을 선임하였다. 이후에도 기념사업회 인원은 계속 증가하여 다음 해인 1934년 2월에는 700명에 이르렀다는 보도가 나오기도 했다.

보전기념사업기부금 제1회 신청액 칠만칠천원

동아일보 1934.3.20

시내 송현동에 잇는 보성전문학교에서는 명년이 창립된지 30주년이므로 얼마 전에 조선적으로 유지 5백여명의 발기로 동교 창립 30주년기념사업회를 조직하고 동교의 부속도서관 대강당 체육관 등을 건설하기 위하야 전조선을 통하야 30만원의 기부금을 모집하고 잇는 중이라 함은…(후략)

보전 모금캠페인의 총 책임자는 학교재단 상임이사였던 인촌 김성수이다. 동아일보 1933년 10월 3일자 기사에 보전이 조선총독부로부터 모금캠페인의 허가를 얻을 때 그 책임자가 김성수라 기록되어 있다. 김성수는 경성방직(1919년), 동아일보(1920년)를 인수 설립하여 고전하다가 1926년 이후 사업이 활기를 띄면서 1932년 재정난에 처해있던[4] 보전을 인수하여 인생 세 가지 목표 중의 하나인 '인재배양'(人材培養)에 본격 매진하게 된다(물론 그 전에 중앙고등보통학교를 인수하여 직접 경영하고 가르치기도 했지만).

보전을 인수하기 전에 김성수는 1930년 미국과 유럽 그리고 1931년 세계일주를 마치고 귀국했다. 해외 여행 중에 그는 서양의 여러 대학을 돌아 보았고, 30주년 기념사업으로 건축한 도서관은 미국 듀크대학교 도서관이 모티브가 되었다고 전해지고 있다.

모금캠페인 기간 동안 김성수는 전국의 많은 부자와 기부자를 만난 것으로 보인다. 1933년 하반기부터 본격적으로 시작된 모금 활동을 위해 3천원짜리[5] 전용 자동차를 구입하여 실행위원들과 함께 전국을 순회하였다고 학교의 역사나 각종 기록에서 말하고 있다. 후술하겠지만 모금캠페인 리더가 거액기부자로서 모범을 보임은 물론 잠재기부자의 개발과 요청에도 상당한 열과 성을 다한 것을 단적으로 보여주는 것이라 하겠다.

초기 거액 모금의 성공

보전의 개교 30주년 모금캠페인은 초기 아주 순조롭게 진행되었
다. 1933년 11월 4일에 기념사업회와 실행위원회가 출범한 후 약 4개
월 동안(1934년 3월까지)에 목표액의 30%가 넘는 9만1천여원이 모금된 것
을 확인할 수 있다. 특히 1934년 2월 16일에 각각 1천원에서 3천원의
기부자 10명을 동아일보에 공개하였고, 3월 20일에는 총 7만7천원의
모금액수와 기부자 그리고 기부액을 공개하였다.

보전기념사업기부금 제1회 신청액 칠만칠천원

동아일보 1934.3.20

… (기사 생략)

금일만원 구성 최창학, 금일만원 담양 고광표, 금오천원 광주 현준호, 금삼천
원 경성 김재수, 금일천오백원 순창 노병준, 금일천오백원 경성 이중익, 금일
천원 무안 김용무, 금일천원 경성 박흥식, 금일천원 고창 이휴열, 금일천원 경
성 이종구, 금일천원 김제 장현중, 금일천원 무명씨, 금이만원 경성 김성수, 금
이만원 경성 김연수

계 칠만칠천원

이와 같은 초기 거액모금 활동은 상당한 탄력을 받아 위의 거액기부 외에 5월의 1만2천원 기부를 포함해 1934년 5월까지 약 20만원 이상을 모집하게 된다(동아일보 1934.5.10일자 참조). 공식적으로 모금캠페인을 시작한 지 6개월 만에 전체 모금목표액의 2/3를 달성한 것이다.

이와 같은 모금 성과는 김성수, 김연수의 4만원(각각 2만원)의 pacesetting gift가 있었기에 상당한 탄력을 받은 것으로 판단된다. 개인 2만원은 확인된 개별 기부금 중 가장 큰 액수이며 김성수, 김연수 형제의 4만원 기부는 전체 모금액의 18%에 이르는 거액이었고, 이 기부가 비교적 초기인 1934년 초반에 이루어진 것이 모금캠페인에 탄력을 더하는 계기가 되었음이 분명하다.

아쉬운 모금캠페인 후반부

하지만 이후 모금 활동은 침체기를 맞게 된다. 1934년 중반까지 기세 좋게 추진되던 모금캠페인은 1936년 7월까지 20여만원 선에서 크게 진전을 이루지 못한다. 모금캠페인 완료 목표시점이었던 1934년 12월을 지나 1936년 7월에 모금캠페인 기간을 1937년 7월 30일까지로 연장하였으나 그 때까지의 기부금은 확인된 것만 21만3천원을 조금 넘는다. 그 이유를 파악하기는 어렵지만 1934년 5월 이후 별 진전이 없었던 것이다.[6]

표 1. 보성전문 30주년 모금캠페인 기부자 기부표

기부금 규모	기부자		기부자 누계		소계		누계	
	수	비율	수	비율	금액	비율	금액	비율
20,000원 이상	2	1.7%	2	1.7%	40,000.0	18.7%	40,000.0	18.7%
10,000원 이상	4	3.5%	6	5.2%	42,000.0	19.7%	82,000.0	38.4%
5,000원 이상	3	2.6%	9	7.8%	15,000.0	7.0%	97,000.0	45.4%
3,000원 이상	8	7.0%	17	14.8%	24,000.0	11.2%	121,000.0	56.7%
2,000원 이상	8	7.0%	25	21.7%	16,500.0	7.7%	137,500.0	64.4%
1,000원 이상	57	49.6%	82	71.3%	59,500.0	27.9%	197,000.0	92.3%
500원 이상	30	26.1%	112	97.4%	15,900.0	7.4%	212,900.0	99.8%
500원 미만	3	2.6%	115	100.0%	531.5	0.2%	213,431.5	100.0%
	115						213,431.5	

※ 1934년 2월 16일부터 1936년 7월 30일까지 동아일보에 게재된 기부자명을 기준으로 작성

또한 발기인이 700여명에 이른다는 보도에 비하여 신문기사를 통해 밝혀진 기부자가 115명 정도이고, 1937년 준공식에서 총 기부자의 수가 1000여명이라고 밝힌 점(도서관 준공기념식에서 김성수 연설 중)을 고려할 때 초기 거액모금 이후 대중적인 참여와 확산은 그리 활발하지 못했던 것으로 추정된다. 위의 표에서도 보듯이 500원 이하의 기부자 수가 현격하게 적은 점이 이를 반증한다고 하겠다.

전체 모금캠페인 기간 동안 일본 神戶 유학생 12명의 소액기부(1934년 4월, 31원50전), 유산기부(1934년 5월, 김신일 여사, 5백원), 소그룹설명회(1935년 12

월, 5천원), 민립대학설립 운동 기금 편입(1937년 9월 3일, 전북 김제, 1천원) 등의 다양한 기부가 이루어졌음에도 불구하고 거액기부 외의 대중적 확산은 그리 활발하지 못했던 것으로 보인다.

모금캠페인 완료

이와 같은 과정을 거쳐 1937년 9월 2일 보전의 석조 도서관이 준공된다. 전술한 대로 애초 예정의 2배가 넘은 21만원의 공사비를 들여 건평 295평, 연평 943평의 건물이 완공된다. 이 건물은 현재 고려대학교의 대학원 건물로 사용되고 있으며, 이보다 앞서 준공된 본관과 아울러 문화재로 등록되어 있다.

이건물은 조선에 있어서는 일직 학교부속도서관으로서는 그 규모에 있어서나 구조에 잇어서 실로 처음 나타나는 위관으로서 전본관과 함께 민간학게의 일대기염을 보이게 되리라고 한다.(동아일보 1935년 11월 21일자)

이러한 전조선적으로 일어나는 후원으로 말미암아 동교가 민간의 최고학부로서의 면목과 내용이 갈수록 완전하여가고 잇다.(동아일보 1936년 7월 30일자)

집중거액모금캠페인으로서의 평가

80여 년 전에 보전의 개교 30주년 기념 모금캠페인은 아주 오래 전 사례이지만 집중거액모금캠페인으로서 여러 가지 의미와 시사점을 지닌다.

첫째, 거대하고 강력한 모금명분을 주창하였다. 명목상으로 드러난 대외적 명분은 전문학교에서 종합대학으로의 도약을 내세웠고 표면상 드러내지는 못한 명분도 있었던 것으로 추정된다. 특히 종합대학은 당시 국내에 존재하지 않았던 것으로 고등교육과 인재양성을 위한 새로운 도전이었다. 유념할 점은 보전이 당시에 재정 상의 어려움에 처해있었고, 본관을 비롯한 건축이 진행되고 있음에도 불구하고 '건축에 돈이 필요해요'라는 내부 지향적인 명분보다는 민족적 자긍심과 교육에서의 도약을 모금명분으로 내세웠다는 점이다.

둘째, 명분에 걸맞은 프로젝트이다. 도서관과 강당, 체육관 건축은 물론 대량의 도서확보 등은 모금캠페인 준비기에 이미 건축 중이던 본관과 아울러 시설 측면에서 종합대학으로 발전하는 데 필요한 현실적이고도 긴급한 사안이었다. 이런 프로젝트들이 모금명분과 어우러져 강력한 모금캠페인으로 발전할 수 있었다.

셋째, 리더십의 강력한 활동이다. 보전 모금캠페인의 총책임자인 김성수는 기부자와의 면담이나 요청을 위해 전국 어느 곳이나 찾아

가는 것을 마다하지 않았다. 물론 경성방직의 인수설립 시 공모주 발행을 위해 다양한 투자자를 만난 것이 경험이 되었을 수도 있다. 모금을 위해 전용 자동차를 마련할 정도였다면 그 헌신과 몰입, 준비가 어느 정도였는지를 파악할 수 있으며, 거액기부자(2만원으로 최고 규모 기부자)로서 모범을 보인 것도 커다란 모금리더십 역할이었다. 그리고 기념사업회를 조직하고 실행위원, 상임위원, 대표위원을 선임하여 좀 더 큰 역할을 부여한 것에서는 요즘의 모금캠페인위원회를 연상시킨다. 책임자인 김성수 외의 실행위원 등이 전국을 순회하며 잠재기부자를 만나고 소그룹 설명회까지 가진 것은 모금의 성공과 리더십의 활동이 어떤 연관관계에 있는지를 잘 보여 주고 있다.

넷째, pacesetting gift를 포함한 거액기부의 위력이다. 보전이 모금캠페인을 시작하고 6개월만에 2/3의 목표액을 확보한 것은 시작 초기에 2만원 기부자 2명이 있었기 때문이다. 그 외에도 1만원짜리 기부자 4명을 포함하여 총 6명이 전체 기부금의 40%에 가까운 38.4%를 감당하였다. 6명은 기록 상 확인된 기부자의 5% 정도에 해당하며, 모금캠페인에 총 1000여명이 참여했다면 0.5%에 해당하는 인원이다. 이처럼 집중거액모금캠페인을 비롯한 모금캠페인에서는 거액기부자 특히 pacesetting gift를 어떻게 확보하느냐가 그 성패를 좌우한다.

다섯째, 충분한(?) 사전 준비 과정이다. 보전은 30주년 기념사업회를 개교 30주년 1.5년 전에 결성하였고 그 이전부터 준비 작업을 진행해 왔다. 기념사업에 대한 최초 논의가 1933년 7월부터 이루어졌다고 하니 약 2년의 시간을 두고 모금캠페인을 준비했던 것이고, 그전에 서양의 대학을 벤치마킹하여 건축과 모금을 위한 기초 자료를 확보한 것도 일련의 준비과정으로 이해할 수 있을 것이다. 다만 집중 거액모금캠페인의 중요한 성공 요건인 타당성분석(feasibility study)를 사전에 진행했는지는 알 수가 없다.

여섯째, 대중적 확산에는 미흡했다. 그럼에도 불구하고 보전의 모금캠페인은 아쉬운 점이 있다. 초기의 강력한 거액모금에도 불구하고 대중적 확산을 통한 소액다수 모금에는 한계를 보였다는 점이다. 물론 모금캠페인 목표기간이 약 1년이라서 애초에 대중적 확산에 대한 계획이 없었을 수도 있고, 통신수단이 미흡했다거나 백성을 선동하여 대규모 행사를 갖기 어려웠을 시대적 배경을 감안하더라도 우호적인 언론의 활용이나 졸업생의 규합 등 좀 더 적극적인 대중 모임에는 아쉬움이 남는다.

일곱째, 목표액 설정의 방식이 아쉬웠다. 보전 모금캠페인의 핵심 프로젝트는 도서관 건축에는 초기 예상금액인 10만원의 2배보다 많은 21만원이 소요되었다. 그래서인지 초기 목표였던 강당이나 체육관은 후대의 프로젝트로 연기되었다. 그리고 왜 모금목표액이 30만 원이었는지는 밝혀지지 않고 있다. 추정하기는 개교 30주년이라는 시기에 맞추어 30만원이 아니었을까 할 뿐이다. 잠재기부자에 대한 평가는 물론 건축 소요에 대한 합리적인 평가와 조사를 반영한 목표였다고 보기는 어렵다. 아쉬운 것은 다른 학교나 요즘의 대학에서도 모금 목표액이 이렇게 공표된다는 점이다.

보전이 개교 30주년 모금캠페인을 추진하던 시기는 우리나라 교육계에서 모금캠페인이 붐을 이루던 때로 많은 학교들이 개교를 기념하여 각종 건물의 신축 등을 위해 너도 나도 나서던 시기였다.[7] 시대적으로는 일제의 수탈이 심해지고 지구촌은 세계전쟁의 소용돌이 직전에 처해있던 불안한 시대였다.

이러한 시대적 배경에도 불구하고 거대한 모금캠페인을 과감히 기획하고 일련의 성공을 거둔 것은 약간의 아쉬움에도 불구하고 서양 대학의 모금캠페인에 비교해도 손색이 없는 것이며, 우리가 견지하고 확장해야 할 유산이라고 할 것이다.

각 주 --

1. 본 글의 주요 자료는 '고려대학교100주년사'와 동아일보의 보전 및 30주년기념
   사업 관련 기사를 참조하여 작성하였다.

2. 당시 30만원의 가치를 현재 가치로 정확하게 추론하기는 어렵다. 다만 고려대
   학교 100주년사에 의하면1936년 보전신입생의 학비가 1년에 1백원 정도이고
   신임교수의 연봉이 1천8백원 정도였으니, 이와 비교해 그 가치를 가늠해 볼 수
   있을 것이다.

3. 이와 같은 모금명분은 추정에 근거한 것이다. 일제에 의한 강제 합병 이후 20
   여 년이 지나고 강압적인 통치가 여전한 상황이고, 부일 및 친일 인사들이 사회
   의 골간을 형성하는 시기에 대한제국이나 민족을 공개적으로 내세우기 어려웠
   을 수도 있을 것이다. 하지만, 보전이 개교 이래 겪어 온 어려움이나 민족지향
   적인 학풍 그리고 당시 보전을 인수한 김성수의 이 때까지의 행적을 고려할 때
   암묵적으로는 민족적인 명분이 강력하게 소통되거나 작용했을 가능성도 높다
   고 해야 할 것이다.

4. 1905년에 설립된 보전은 1910년 재정난으로 인해 천도교재단에 인수된 후
   1921년 천도교재단의 5만원을 비롯하여 유지 46명으로부터 획득한 기부금 총
   43만여원으로 재단을 구성하였다. 사실 보전의 모금과 기부 전통이 이때부터 강
   하게 정립되었다고 볼 수 있다. 하지만 이후 기부금 처리의 미흡 등으로 보전은
   다시 재정위기를 맞게 된다.

5. 이 차량은 30주년 기념 모금캠페인에서 설정한 3천원의 모집비용과는 별도인
   것으로 판단된다.

6. 1935년에도 일련의 거액기부(1935년 2월 박용희씨 1만원의 기부, 3월 1일 1만
   8천원 공개, 3월 5일 1만5천5백원 공개)가 이루어지고 있다는 동아일보의 기사
   를 참조할 때, 1934년 5월 10일자 기사에서 기부금 총액이 20만원을 넘어섰다

는 것이 오류일 수도 있고, 약정액을 집계한 것과 입급액을 종합한 것에서 차이가 있을 수도 있다.

7. 동덕여고보(창립 39주년 기념 대강당, 체육관 건축, 10만원 중 5만원 모금), 경성제일고등보통학교(창립35주년 기념사업 27만원 중 일부를 학부형으로부터 모금), 연희전문(창립 25주년, 10만원 모금), 보성고보(창립 35주년 기념사업 35만원 중 15만원 모금) 등이 1930년대 중반에 대규모 모금캠페인을 추진하였다. (1935.1.1일자 및 1937.6.3일자 동아일보)

| 저자 소개(가나다순) |

김지연 : (주)도움과나눔에서 국내 유수 대학과 병원의 모금기획 및 실행컨설팅과 잠재기부자 프로파일링을 진행한 김지연 선임컨설턴트는 현재 이화여대 대외협력처에서 모금가로 활동하고 있다.

박미정 : 거리모금캠페인의 프로젝트 팀장으로 국내 유수단체의 거리모금을 일찍부터 담당해왔으며 현재는 (주)도움과나눔 전체 직원의 조직, 인사를 담당하는 인사팀장으로 근무 중이다.

배은옥 : 현재 (주)도움과나눔 이사로 오랜 시간 전화모금 프로젝트 매니저로 기부자 관계관리 및 개발을 해왔으며 이 외 도움과나눔 교육총괄 및 거리모금캠페인을 총괄하기도 하였다. 현재는 대안학교의 모금을 위해 파견업무를 하고 있는 중이다.

서정아 : 거리모금캠페인의 현장 펀드레이저로 시작하여 다양한 단체의 모금실행 기획을 해왔을 뿐만 아니라 실제 단체에 파견되어 단체에 맞춘 대중모금, 중거액모금을 기획하고 실행한 경험을 가지고 있다.

유가을 : 거리모금캠페인의 현장 펀드레이저로 모금을 시작한 유가을 선임컨설턴트는 긴 시간 거리모금캠페인이 한국 땅에 정착할 수 있도록 도왔으며 이를 통해 대중모금에 대한 강의를 해왔다. 현재는 (주)도움과나눔의 선임컨설턴트로 한국 주요기관에 컨설팅을 실행 중이다.

이영동 : 성균관대학교에서 행정학 박사과정을 수료한 이영동 컨설턴트는 조직 및 ODA 등에 대한 다양한 실무 경험을 하였으며, 도움과나눔에서 마포구청, 앰네스티 등의 기관에서 재단설립 및 조직 컨설팅 등을 수행하였다. 주요 연구분야는 사회적기업, 비영리(NPO), 기업의 사회적 책임(CSR) 등 사회적 경제 분야이며, 현재는 'CSR IMPACT'에서 다양한 연구를 진행하고 있다.

이원규 : 고려대학교 경영학 박사인 이원규 수석컨설턴트는 (주)도움과나눔의 부대표로 학교, 병원, 복지단체, 시민단체 등 다양한 단체의 컨설팅을 맡아왔으며 비영리조직에 관한 책을 저술, 여러 기관 및 모금아카데미의 강사로 활동하는 등 다양한 방법으로 비영리단체의 모금활동을 돕고 있다.

정지혜 : 도움과나눔의 모금교육, 모금스프트웨어 등을 기획하였고, 국내 유명 대학의 컨설팅 및 멘토링, 시민단체 대상의 컨설팅 및 멘토링을 해왔으며 모금아카데미에서 기부자 분석과 개발에 대한 강의 및 워크숍등을 해왔다. 현재 (주)도움과나눔의 컨설팅사업부서의 선임컨설턴트로 근무중이다.